The Complete Guide to Tarot
타로카드
완전정복

새내기 타로마스터가 실전 프로가 되기까지

# 타로카드

## 완전정복

김동완 · 타로카드 연구가

# prologue



『타로카드 초보탈출』이 타로카드 초보자들을 위한 입문서라면, 이 책 『타로카드 완전정복』은 카드별 운세 분석과 타로점 실전 풀이 위주로 구성된 심화학습서이다.

먼저 메이저 카드로 보는 직업 적성, 건강운, 애정운, 재물운, 학업운, 직장운, 매매운 등 다양한 운세를 설명하였다. 그리고 카드의 정방향과 역방향을 구분하여 설명하고, 원 카드 리딩의 질문마다 정방향의 대답과 역방향의 대답을 모두 실어서 해석의 차이를 한눈에 알 수 있게 하였다. 역방향은 정방향과 무조건 반대라고 생각하기 쉽지만, 실제로는 의미가 다양하게 변화하므로 확실하게 알아두어야 한다.

이 책의 가장 큰 장점은 다양한 실전 사례를 풍부하게 소개하고 있다는 것이다. 현실과 동떨어진 질문이 아니라 누구나 한번쯤 고민해봤을 만한 일상적인 질문과 답변을 통해 독자들이 이제까지 낯설고 어렵게 생각해왔던 타로카드를 가깝게 느끼게 하였다.

〈재미 있는 영화 속 타로 이야기〉 역시 이러한 노력에서 비롯되었다. 타로를 어렵다고 생각하면 실력이 쉽게 늘지 않는다. 세계 여러 나라의 영화 속에서 책으로만 보던 타로 배열법을 발견하는 재미도 있고, 카드의 키워드가 영화의 전개에 어떤 영향을 미치는지 지켜보면서 리딩 실력도 쌓을 수 있을 것이다.

실력 있는 타로마스터는 있는 그대로를 잘 알아맞히는 족집게가 아니라 질문자의 마음을 이해하고 더 나은 방향을 제시할 수 있는 조언자이다. 독자 여러분들이 그러한 타로마스터로 발전하기를 기대한다. 항상 힘이 되어주는 회원들, 제자분들 그리고 가족, 더불어 꼼꼼한 교정과 조언으로 이 책의 완성에 큰 도움을 준 타로마스터 아우라님에게 진심으로 감사의 말씀을 전한다.

2012년 2월 김동완

# notice

일러두기

**1**

타로의 그림은 인간과 우주의 세계를 표현하는 심오한 상징으로 가득하다. 이 책은 타로의 상징 체계를 다각도로 분석하여 카드별 키워드를 보다 쉽게 이해할 수 있게 하였다.

**2**

메이저 카드로 사람의 성격 특성은 물론 직업 적성, 건강운, 재물운, 애정운, 시험운, 직장운, 매매운 등 인생의 전반적인 운세를 판단하는 방법을 소개하였다.

**3**

타로는 카드를 놓는 방향에 따라 정방향과 역방향이 구분된다. 이 책은 원 카드 리딩의 질문마다 정방향의 대답과 역방향의 대답을 함께 실어서 해석의 차이를 한눈에 비교할 수 있게 하였다.

**4**

앞서 『타로카드 초보탈출』에서는 타로카드 상담 현장에서 자주 사용하는 배열법을 설명하였고, 이 책에서는 그 배열법을 실전에 적용하여 질문의 답을 찾는 방법을 자세하게 설명한다. 앞서 공부한 타로 리딩의 기초 지식을 점검하고 타로카드 왕초보자에서 실전 프로로 발전할 수 있는 중요한 과정이다. 또한 일상생활에서 흔히 접하는 현실적인 질문과 답변을 통해 타로를 보다 친숙하게 느낄 수 있을 것이다.

**5**

매뉴얼에만 의존하는 단편적인 타로 리딩으로는 질문자의 복잡한 심리를 이해하여 적절하게 조언하기 어렵다. 이 책의 내용을 숙지한 후에 가족이나 친구의 운세를 보면서 타로 리딩을 반복적으로 연습하면 어느 새 자신만의 키워드가 하나씩 늘어나고 그만큼 실력이 쌓일 것이다.

# contents

 **3 마이너 카드의 해석**

 **4 타로카드 실전 풀이**

타로점을 치는 사람은 카드의 그림을 보고 질문에 대한 답을 찾는다. 따라서 카드의 그림이 무엇을 상징하는지를 잘 알아야 한다. 타로카드 78장은 제각각 인간과 우주의 세계를 표현하는 심오한 상징으로 가득 차 있다. 카드에 등장하는 사람, 자연, 동식물 그리고 숫자와 사물 등의 상징 체계가 모여 사람의 성격과 심리는 물론 재물, 사랑, 학업, 직업 등 복잡한 인생사에 답할 수 있는 다양한 키워드를 구성한다.

# 타로의 상징 체계와 용어

1

# 상징 체계와 타로 리딩

타로점을 치는 사람은 카드의 그림을 보고 질문에 대한 답을 찾는다. 따라서 카드의 그림이 무엇을 상징하는지를 잘 알아야 한다. 타로카드 78장은 제각각 인간과 우주의 세계를 표현하는 심오한 상징으로 가득 차 있다. 카드에 등장하는 사람, 자연, 동식물 그리고 숫자와 사물 등의 상징 체계가 모여 사람의 성격과 심리는 물론 재물, 사랑, 학업, 직업 등 복잡한 인생사에 답할 수 있는 다양한 키워드를 구성한다.

한국에서는 점을 칠 때 주로 태어난 생년월일시로 정해지는 사주를 본다. 우리에게 그림으로만 이루어진 타로는 매우 낯설고 이질적인 점술 체계이다. 하지만 서양의 타로와 동양의 사주명리학은 유사한 점도 있다. 예를 들어, 타로의 네 가지 슈트(suit)인 지팡이 · 컵 · 검 · 동전은 각각 우주 만물을 구성하는 4요소인 불 · 물 · 공기(바람) · 흙을 상징하는데, 이와 비슷한 개념으로 사주명리학에는 오행인 목화토금수(木火土金水)가 있다. 둘 다 각자의 문화를 반영하기 때문에 서로 다른 상징 체계를 사용하게 된 것이지 미래를 점치는 역할은 동일하다.

초기의 놀이용 카드가 현재의 점술용 카드로 발전하는 동안 중세 유럽의 기독교적 세계관은 물론, 연금술과 점성술 그리고 유대교의 카발라 등의 신비주의가 도입되어 타로의 상징성은 더욱 구체화되었고 풍부해졌다. 여기에 가장 큰 영향을 미친 이들이 바로 18~19세기의 프랑스 신비주의자들, 그리고 19세기말에 창설된 영국의 비밀 단체인 황금새벽회이다.

현재 가장 널리 쓰이는 타로는 1909년에 영국인 아서 에드워드 웨이트(Arthur Edward Waite)가 감독하고 화가인 파멜라 콜만 스미스(Pamela Coleman Smith)가 그린 라이더 웨이트(Rider Waite) 타로인데, 이 두 사람이 바로 황금새벽회의 일원이었다. 이들이 만든 라이더 웨이트 타로는 타로의 기본적인 상징 체계를 충실하게 따르면서도 디자인이 정교하여 지금까지도 많은 대중들에게 사랑받고 있다. 무엇보다도 이 카드는 마이너 카드에 처음으로 등장인물을 그려넣어서 상징성을 부각시켰고, 그 결과 이전의 타로카드에 비해 해석이 훨씬 쉬워졌다.

이 책에서는 라이더 웨이트 타로에 메리 핸슨 로버츠(Mary Hanson-Roberts)가 아름답게 색칠한 유니버설(Universal) 웨이트 타로를 기준으로 상징 체계를 설명한다.

타로카드 78장에는 제각각 키워드가 숨어 있고, 이 키워드를 알아야 카드를 해석할 수 있다. 키워드는 말 그대로 카드의 의미를 풀 수 있는 열쇠(핵심)이다. 그런데 카드마다 단 하나의 키워드만 존재하는 것이 아니라 여러 개의 키워드가 공존한다.

예를 들어, 메이저 카드의 0번 바보 카드는 '시작'을 의미하는 동시에 '모험'을 의미하며, '경솔함' 또는 '방종' 등의 부정적인 의미까지 담겨 있다. 다른 카드 역시 이렇게 키워드의 의미가 다양하게 확장된다.

만약 타로점을 칠 때 키워드를 잘못 고르면 질문에 엉뚱한 대답을 할 수도 있다. 그렇다고 해서 카드마다 키워드를 무작정 외우는 방법은 별로 효과적이지 않다. 카드에 그려진 그림을 하나 하나 떼어서 분석하면서 각각의 상징성을 파악하는 것이 카드의 다양한 의미를 이해하는 데 도움이 된다.

한편 타로의 그림을 볼 때면 머릿속에 떠오르는 이미지나 단어 등이 있는데, 카드의 기본적인 키워드에 이러한 이미지나 단어를 결합하여 하나의 이야기처럼 읽어 나가는 것을 이미지 리딩이라고 한다. 진정한 타로 리딩은 단순히 키워드를 읽는 데서 그치면 안 된다. 상담자(질문자)의 인생에 도움이 되는 이야기를 들려주려면 이미지 리딩을 통해 카드가 상징하는 의미를 효과적으로 전달할 줄 알아야 한다.

**POINT**

### 타로의 상징 체계
카드의 그림마다 유럽의 기독교적 전통은 물론, 그와 대비되는 점성술과 연금술 등의 오컬티즘과 유대교 신비주의인 카발라에서 비롯된 풍부한 상징 체계를 보여주고 있다.

# 메이저 카드의 상징 체계

메이저 카드는 모두 22장으로 구성되며, 일반적으로 널리 사용되는 모던 카드의 경우 0번 바보 카드에서 시작하여 21번 세계 카드로 끝난다.

카드에 주인공으로 등장하는 사람은 물론 해와 달 등의 자연과 동식물, 십자가 등의 사물과 색상까지 그 상징성을 다양하게 분석하면 카드의 키워드를 더욱 쉽게 파악할 수 있다.

## 1. 색상

일반적으로 색상마다 고유한 느낌이 있다. 예를 들어, 붉은색 하면 뜨거운 불이나 태양이 떠오르고 푸른색 하면 시원한 바다가 떠오른다. 타로카드의 다양한 색상은 이처럼 보편적인 이미지를 가지고 있으며, 각각의 상징 체계를 더욱 선명하게 드러낸다.

- **빨간색** : 정열, 열정, 강렬함, 활동, 흥분, 적극적, 행동하는, 분노, 탐욕, 건조
- **노란색** : 밝음, 활력, 찬란한, 빛나는, 수확, 풍요, 풍성
- **주황색** : 밝음, 명랑, 생동감, 환희, 온화, 풍부한, 풍성한
- **파란색** : 하늘, 청명한, 투명한, 봉사, 차가움, 침착, 우울, 공포
- **초록색** : 서늘한, 상쾌한, 청초한, 시원한, 평화, 질병, 공포

- **자주색** : 위엄, 권위, 신비, 부드러움, 고독, 절망

- **검은색** : 염세적, 부정적, 생각, 걱정, 불길함, 억압, 중립, 공허, 조용한, 은밀한, 속임수, 사기, 움직이지 말아야 하는, 어두운

- **하얀색** : 순수, 순진, 청초함, 밝음, 서늘한, 솔직한, 청결, 긍정, 순결, 영혼이 맑은, 정신적, 감수성, 영감, 감각, 예민한

## 2. 식물

　타로카드에서 각각의 식물은 다른 상징 체계와 마찬가지로 등장인물의 성격이나 특성을 드러내는 역할을 한다. 예를 들어, 주인공이 여성일 경우 함께 그려진 식물은 풍요와 다산 등 여성성을 더욱 효과적으로 보여준다. 다른 식물 역시 마찬가지다. 어렵게 생각하지 말고 우리에게 잘 알려진 일반적인 이미지와 느낌대로 카드를 읽으면 된다.

- **곡식** : 비옥, 풍요, 풍성, 성장, 성과, 결실. 예) 여황제 카드

- **석류** : 풍성, 풍요, 다산, 여성, 생식기, 성숙, 월경, 임신, 번식, 생산. 예) 여사제 카드, 여황제 카드

- **붉은 장미** : 정열, 열정, 사랑, 생명, 창조. 예) 마법사 카드, 교황 카드

- **하얀 장미** : 순수, 순결, 순진함. 예) 바보 카드

- **하얀 백합** : 순수, 청결, 결합, 순결, 청순, 진실. 예) 마법사 카드, 교황 카드

- **붓꽃** : 신의 메시지, 내적인 안내, 무의식의 지혜. 예) 절제 카드

- **해바라기** : 태양, 정열, 열정, 활동. 예) 태양 카드

- **사과나무** : 지혜의 나무, 선과 악의 나무. 예) 연인 카드

### 𝔓𝔒𝔌ℕ𝔗

**메이저 카드의 구성**

0번 바보 카드부터 21번 세계 카드까지 모두 22장으로 구성되며, 타로점을 칠 때 인생사의 굵직굵직한 줄기 즉 전체적인 상황을 볼 때 주로 사용한다.

타로카드에 등장하는 동물은 이집트 신화나 종교 등의 상징물인 경우가 많다. 이들은 인간 심리, 그 중에서도 선과 악이 공존하는 이중적인 내면 세계를 잘 보여준다.

- **스핑크스** : 신전의 수호자, 안내자. 하얀 스핑크스는 열심히 노력하는 긍정적인 모습을 나타내는 반면, 검은 스핑크스는 욕망을 이루기 위해 달려가는 부정적인 모습을 나타낸다. 예) 전차 카드
- **뱀** : 유혹, 욕망, 남근, 지혜, 무의식. 예) 연인 카드
- **독수리** : 진리, 예언, 예술, 지혜. 예) 운명의 수레바퀴 카드, 세계 카드
- **염소** : 욕망, 관능, 유혹, 고집. 예) 악마 카드
- **사자** : 힘, 행동, 투쟁, 열정, 고결한, 야성, 본능. 예) 힘 카드
- **게** : 이중성, 생각. 예) 달 카드
- **개** : 충성, 충심, 복종, 믿음, 신뢰, 정직. 예) 바보 카드, 달 카드
- **늑대** : 포악, 거짓, 근심. 예) 달 카드

## 4. 자연

그림 속의 자연은 타로카드의 색상과 마찬가지로 가장 일반적인 의미를 보여준다고 할 수 있다. 다만, 물은 우주만물을 구성하는 네 가지 원소 중 하나이므로 좀더 특별한 상징성을 띤다.

- **태양** : 희망, 행복, 행운, 성공, 풍요, 결실, 미래, 열정, 탄생. 예) 바보 카드, 연인 카드, 죽음 카드, 태양 카드
- **달** : 생각, 마음, 우울, 근심, 걱정, 고민, 어두움, 이중성, 양면성, 불안, 불안정, 직관, 수심. 예) 달 카드

- **초승달** : 여성의 직관력, 여성의 상상력, 여성성. 예) 여사제 카드, 전차 카드

- **별** : 영적, 정신, 행운, 희망, 탄생, 이상. 예) 별 카드

- **물** : 신성함, 여성, 움직임, 마음, 감정, 심리, 지식, 맑음, 순수, 영적, 잠재의식. 예) 절제 카드,
  별 카드, 달 카드, 심판 카드

- **구름** : 성스러움, 신비함. 예) 연인 카드, 운명의 수레바퀴 카드, 심판 카드, 세계 카드

- **벼락** : 사건, 사고, 갑작스런 일, 커다란 변화. 예) 탑 카드


## 5. 사물

　타로카드 속의 사물은 각종 신화와 연금술, 기독교와 유대교의 전통 등에서 비롯된 매우 다양한 상징성을 보여준다.


- **우로보로스(Uroboros)** : 자신의 꼬리를 둥글게 물고 있는 뱀을 뜻하며, 영원불변함과 영원한
  힘을 상징한다. 예) 마법사 카드

- **네 가지 슈트** : 마이너 카드의 슈트로 지팡이는 불, 컵은 물, 검은 공기, 동전은 흙 등 우주만
  물을 구성하는 네 원소를 상징한다. 예) 마법사 카드

- **뫼비우스의 띠** : 무한대, 영원, 정신적인 무한한 힘. 예) 마법사 카드, 힘 카드

- **흑백의 기둥** : 검은 기둥인 보아즈(Boaz)는 어둠, 거짓, 악, 직관을 상징하고, 하얀 기둥인 야
  긴(Jachin)은 그와 대립되는 빛, 진실, 선, 이성을 상징한다. 예) 여사제 카드

- **베일, 망토** : 신성, 숨김, 비밀. 예) 여사제 카드, 황제 카드

- **토라(Tora)** : 자연의 법칙, 종교적인 규율, 위대한 법이 적혀 있는 경전. 예) 여사제 카드

- **보주** : 둥근 구슬 모양이며 궤도를 따라 회전하는 태양(행성)을 상징한다. 또는 폭력, 억압, 율
  법, 독재에서의 해방과 구원을 상징한다. 예) 황제 카드

- **앙크(Ankh) 십자가** : 고리가 달린 T자 모양 십자가로 이집트 신화에서 태양신 라(Ra)에게서
  받은 생명과 불멸을 상징한다. 예) 황제 카드

- **타우(Tau) 십자가** : 세 개의 가로막대와 하나의 가로막대로 이루어진 십자가로 기독교의 삼

위일체, 종교적 권위를 상징한다. 예) 교황 카드

- **등불** : 지혜, 지식. 예) 은둔자 카드

- **솔로몬의 인장 또는 다윗의 별** : 삼각형 두 개를 엇걸어 만든 육각형 별로 형평성과 조화로움을 상징한다. 또는 귀신과 악마를 구속함, 두 원소의 결합, 물과 불의 결합, 남성과 여성의 결합, 소우주와 대우주의 결합 등을 의미한다. 예) 여황제 카드, 전차 카드

- **지팡이** : 마법사의 도구, 내적인 힘을 가진 현자, 의지, 보조, 참모. 예) 은둔자 카드

- **바퀴** : 우주의 영원한 움직임, 인생의 흐름, 삶, 운명의 회전, 역마, 반복되는 일, 변화변동이 많은. 예) 운명의 수레바퀴 카드

- **양팔저울** : 균형, 평행, 공명정대함, 심판. 예) 정의 카드

- **깃발** : 자유, 모험. 예) 태양 카드

- **트럼펫** : 복음, 영혼, 시작, 탄생, 부활. 예) 심판 카드

- **월계수잎 화환** : 시작과 끝을 동시에 상징함, 인생의 변화, 삶의 순환, 우주의 순환. 예) 세계 카드

# 마이너 카드의 상징 체계

마이너 카드는 지팡이(Wand)·컵(Cup)·검(Sword)·동전(Pentacle)의 네 가지 슈트(Suit)로 구성되며, 모두 56장이다. 각각의 슈트는 에이스(Ace, 1)부터 10까지의 숫자 카드 10장과 왕(King)·여왕(Queen)·기사(Knight)·소년(Page)의 코트(Court) 카드 4장으로 이루어진다. 코트 카드를 인물 카드 또는 궁정 카드라고도 한다.

네 가지 슈트인 지팡이·컵·검·동전은 메이저 카드 중에서 마법사 카드에도 등장하며, 인생살이의 다양한 문제들을 해결하는 마법사의 지혜와 능력을 의미한다. 바로 여기에서 메이저 카드와 마이너 카드 모두에 적용되는 상징의 연속성이 잘 드러난다.

> ### *POINT*
> #### 마이너 카드의 구성
> 지팡이·컵·검·동전의 네 가지 슈트로 구성되며, 각각의 슈트에는 에이스(1)부터 10까지의 숫자 카드 10장 그리고 소년·기사·여왕·왕 등 인물 카드 4장이 포함되어 모두 56장이다. 이 카드는 타로점에서 구체적인 상황을 알고 싶을 때 사용한다.

## 1. 네 가지 슈트

지팡이·컵·검·동전은 각각 불[火]·물[水]·공기[風]·흙[地]을 상징한다. 이 네 요소는 우주만물을 구성하는 4원소이며 동시에 연금술의 4대 요소이다.

### • 지팡이

① 불을 상징하며, 활동적·적극적·창조적인 성격이다. 동양의 오행 중에서 화(火)

와 목(木)의 성향과 비슷하다.

② 직관, 창조, 열정, 모험심, 상상, 에너지 등을 의미한다.

### •컵

① 물을 상징하며, 사색적 · 관용적 · 섬세한 성격이다. 동양의 오행 중에서 수(水)와 목(木)의 성향과 비슷하다.

② 감정, 정서, 생각, 관계, 사랑, 명예 등을 의미한다.

### •검

① 공기 또는 바람을 상징하며, 이성적 · 논리적 · 지성적인 성격이다. 동양의 오행 중에서 금(金)과 수(水)의 성향과 비슷하다.

② 논리, 지성, 지혜, 사고, 판단, 분석, 투쟁 등을 의미한다.

### •동전

① 흙을 상징하며, 현실적 · 타협적 · 단계적인 성격이다. 동양의 오행 중에서 토(土)와 금(金)의 성향과 비슷하다.

② 물질, 현실, 재물, 재능, 재주, 기술, 예술, 창조 등을 의미한다.

## 2. 코트 카드

코트 카드에 등장하는 네 사람은 한 사람이 인생을 살면서 시간의 흐름에 따라 변화하는 과정을 보여준다. 즉, 처음 세상에 발을 내딛은 소년이 교육을 통해 기사로 성장하고, 기사는 젊은이답게 세상을 탐험하면서 자신의 꿈과 포부를 펼쳐 나가며, 왕이나 여왕은 가정과 사회에서 중심적인 역할을 해 나가는 성인의 모습을 보여준다.

**• 왕**

① 자신감이 넘치는 성숙하고 남성적인 지배자의 모습이다.

② 성공한 리더십, 책임감, 위풍당당함, 권위, 실용, 현실을 상징한다.


**• 여왕**

① 친근감 있고 포용하는 여성적인 지배자의 모습이다.

② 신뢰의 리더십, 책임감, 수용, 사랑, 현실, 실용, 권위를 상징한다.


**• 기사**

① 활동적이며 용감하고 적극적인 사람이다.

② 목표, 실천, 이상, 탐구, 모험, 결실을 상징한다.


**• 소년**

① 순수하고 집중력이 강한 학생이나 젊은이의 모습이다.

② 젊음, 발달, 생동감, 천진함, 유연함을 상징한다.


## 3. 숫자 카드

카드에 숨겨진 키워드를 해석하기 위해서는 그림과 숫자의 의미를 알아야 한다. 앞서 메이저 카드는 그림에 초점을 맞추어 해석하였다면, 마이너 카드의 숫자 카드는 네 가지 슈트마다 반복적으로 등장하는 에이스(1)부터 10까지의 숫자를 중심으로 해석한다.

숫자의 의미를 분석할 때 카드에 씌어진 숫자를 분석하는 방법도 있지만, 카드에 등장하는 사람이나 동물 또는 기둥 같은 사물의 숫자 등을 해석하는 방법도 있다.

한편 동양학의 주역(역경) 또한 삶을 그림과 숫자로 분석한다 하여 상수학(象數學)이라고 부른다.

 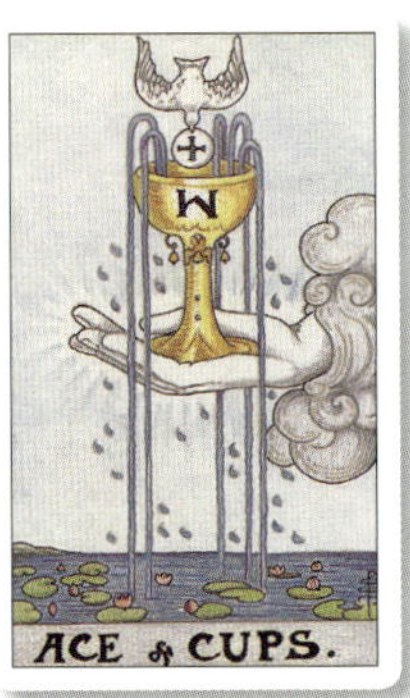  

- **에이스 지팡이** : 인생의 에너지, 창조의 불꽃, 성적 욕구 또는 열망

- **에이스 컵** : 인생의 행복, 원초적 여성성, 성적 본능

- **에이스 검** : 인간의 마음, 문명의 에너지, 힘 또는 강력함

- **에이스 동전** : 자연의 힘, 창의성, 성공

## 2

- **두 개의 지팡이** : 한 길로 진행, 성공한 인물, 복잡한 상황

- **두 개의 컵** : 에너지의 운행, 순수한 감정, 성적 열정

- **두 개의 검** : 의사소통의 부재, 균형, 갈등의 심화

- **두 개의 동전** : 인간의 욕구, 균형, 충동적 상황

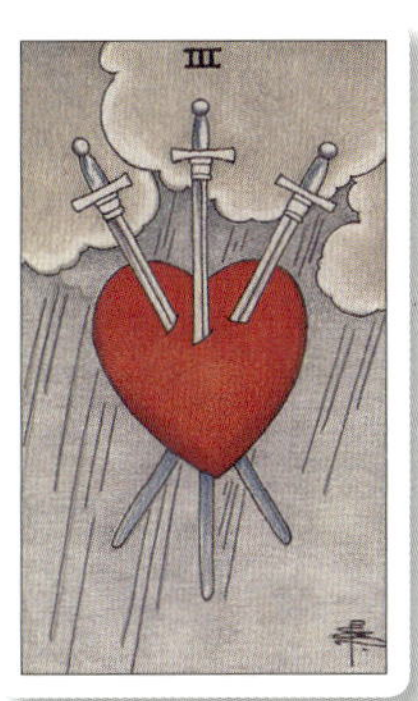

- **세 개의 지팡이** : 행동과 도전, 성공에 대한 몰두, 성취 후의 힘

- **세 개의 컵** : 즐거움, 충만, 축하와 우정

- **세 개의 검** : 슬픔의 군주, 심장을 찌르는 아픔, 슬픔의 수용

- **세 개의 동전** : 풍요로움, 물질적인 세계, 부의 축적

- **네 개의 지팡이** : 자유와 개방성, 화합과 조화, 축하

- **네 개의 컵** : 무관심, 자유로움, 지루함

- **네 개의 검** : 구속당한 인격, 휴식과 치유, 재도전

- **네 개의 동전** : 소유의 안정성, 소유에 대한 집착, 생각 또는 사고의 억압

- **다섯 개의 지팡이** : 낙관적(긍정적), 강력한 힘, 경쟁적 관계

- **다섯 개의 컵** : 실망과 좌절, 힘든 감정적 현실, 엉뚱한 집착

- **다섯 개의 검** : 패배한 지도자, 갈등과 경쟁, 좌절과 굴욕

- **다섯 개의 동전** : 두려움과 걱정, 가난과 질병, 현실을 직시하지 못하는

- **여섯 개의 지팡이** : 승리와 영광, 자신감, 따르는 사람이 많음

- **여섯 개의 컵** : 행복과 즐거움, 순수한 마음, 교육과 양육

- **여섯 개의 검** : 사고의 자유로움, 새로운 변화, 미지의 세계

- **여섯 개의 동전** : 풍성한 수확, 분배와 나눔, 조언자 또는 후원자

- **일곱 개의 지팡이** : 적극적 저항, 다양한 사건, 공격적인 경쟁자

- **일곱 개의 컵** : 풍부한 상상력, 환상 속에 빠진, 복잡한 선택

- **일곱 개의 검** : 무모한 행동, 엉성한 계획, 좀더 주의 깊게 행동해야 하는

- **일곱 개의 동전** : 미완의 성공, 신중한 사람, 만족스러운

- **여덟 개의 지팡이** : 움직임이 빠른, 속도가 있는, 확실한 전진

- **여덟 개의 컵** : 목표에서 벗어난, 변화해야 하는, 생각에 깊이 빠진

- **여덟 개의 검** : 억압과 방해, 혼란스러운, 무기력한 상태

- **여덟 개의 동전** : 현실적 성공, 예술이나 기술의 발전, 창의성이 뛰어난

- **아홉 개의 지팡이** : 방어적인, 두려워하는, 상처가 심한

- **아홉 개의 컵** : 쾌락과 만족, 행복이 가득한, 집착이 심한

- **아홉 개의 검** : 정신이 복잡한, 불안한 상황, 고통과 슬픔

- **아홉 개의 동전** : 풍요로운, 행복이 가득한, 여유가 있는

- **열 개의 지팡이** : 적극적인 수용, 고통의 지속, 불안전한 상황

- **열 개의 컵** : 화목한 가족, 행복이 가득한 성공, 사랑스러운

- **열 개의 검** : 파괴적인, 극단적인 혼란, 어둠 속의 희망

- **열 개의 동전** : 재물과 명예, 안정과 화목, 행복이 가득한

# 4 용어 해설

여기에서는 타로를 이해하는 데 필요한 기본적인 용어들을 정리하였다. 타로의 역사와 구성에서부터 배열법에 이르기까지 다양한 내용을 실었지만, 좀더 자세한 설명이 필요할 경우에는 『타로카드 초보탈출』을 참고하도록 한다.

## • 검(Swords)

마이너 카드를 구성하는 네 가지 슈트 중 하나로, 에이스(1)부터 10까지의 숫자 카드 10장 그리고 왕·여왕·기사·소년의 코트 카드 10장 등 모두 14장으로 구성되어 있다. 검의 날카로운 칼날에서 알 수 있듯 이성, 현실, 지혜, 냉철한 판단, 직관력, 분석력 그리고 투쟁을 상징한다.

## • 공백 카드(blank card)

타로카드는 모두 78장이다. 하지만 실제로 카드를 구입하면 한 장이나 두 장의 카드가 더 들어 있는데 이 여분의 카드가 바로 공백 카드이다. 모든 메이저 카드와 마이너 카드에는 그림과 함께 숫자나 이름이 씌어 있지만, 공백 카드는 그림만 있고 숫자나 명칭이 빠져 있다. 카드를 섞을 때 공백 카드를 함께 사용할 수도 있고(다만 카드 자체에는 별다른 의미를 부여하지 않는다), 사용하지 않을 수도 있다.

### • 덱(deck)

카드 한 무더기, 즉 타로카드 한 세트를 뜻한다.


### • 덱 프로텍터(deck protector)

카드가 더러워지거나 훼손되지 않도록 씌우는 투명한 비닐 커버를 말한다. 하지만 타로의 기가 제대로 전해지지 않는다고 보아 사용하지 않는 경우가 많다.


### • 동전(Pentacles)

마이너 카드를 구성하는 네 가지 슈트 중 하나로, 에이스(1)부터 10까지의 숫자 카드 10장 그리고 왕·여왕·기사·소년의 코트 카드 10장 등 모두 14장으로 구성되어 있다. 금화라고도 하며 금전, 직업, 실용성, 기술, 예술성 등을 상징한다.


### • 라이더 웨이트(Rider Waite) 타로

모던 타로의 시작을 연 타로카드로, 영국의 아서 에드워드 웨이트(Arthur Edward Waite)가 감독하고 화가인 파멜라 콜만 스미스(Pamela Coleman Smith)가 그렸다. 기존의 클래식 카드의 디자인을 정교하게 발전시키고, 모든 마이너 카드에 등장인물과 장면을 그려넣어서 이미지의 상징성을 부각시키고 해석을 쉽게 하였다.

한편 라이더 웨이트 타로 이후에 나온 대부분의 타로는 이 카드의 상징 체계를 따르고 있는데, 우리나라에서는 이들을 통틀어 웨이트 계열이라고 부른다.





### • 레이아웃(layout)

배열법, 스프레드(spread)와 같은 의미로, 점을 치기 위해 카드를 일정한 형식으로 배열하는 것을 말한다.


### • 리딩(reading)

내담자의 질문에 답하기 위해 타로카드를 섞고 펼치고 뽑고 읽고 분석하여 해석하는 것을 말한다.


### • 매뉴얼(manual)

타로를 사용하는 방법과 카드별 키워드를 소개한 설명서이다. 하지만 매뉴얼에만 의존하다 보면 올바른 답을 찾지 못하고 상담이 실패할 우려도 있다. 다양한 임상 경험을 바탕으로 한 자신만의 키워드 매뉴얼을 만들어 활용하는 것을 권한다.


### • 메이저 카드(Major card)

메이저 아카나(Major Arcana)라고도 하며, 모두 22장으로 이루어져 있다. 바보 카드에서 시작하여 마지막 세계 카드에 이르기까지 사람이 태어나서 죽을 때까지 인생을 살면서 경험하는 중요한 과정들을 상징적으로 묘사하고 있다.

각각의 카드에는 순서가 매겨져 있는데, 시대와 카드 종류에 따라 조금씩 달라진다. 앞서 설명한 바보 카드의 경우 현대의 타로카드에서는 0번에 해당하여 1번인 마법사 카드 앞에 위치하지만, 때로는 20번과 21번 사이에 오거나 21번 뒤에 나오기도 한다.

또한 현대의 타로카드에서 힘 카드는 8번이고 정의 카드는 11번이지만, 클래식 카드인 마르세유 타로에서는 이 순서가 서로 바뀐다.


### • 모던(modern) 타로

20세기 초반 영국의 신비주의 단체인 황금새벽회에서 라이더 웨이트 타로를 만든 이후 현재까지 만들어진 타로카드를 말한다. 라이더 웨이트 타로는 처음으로 마이너 카드에 등장인물과 장면을 그려넣어서 상징성을 부여하였고, 모던 타로는 대부분 라이더 웨이트 타로의 상징 체계를 따르고 있다.


### • 세피롯(Sefiroth)

타로카드의 상징 체계는 유대교 신비주의인 카발라(Kabbalah)에서 많은 영향을 받았

는데, 세피롯이 바로 카발라의 핵심 개념인 생명의 나무이다. 케테르, 호크마, 비나, 헤세드, 게부라, 티페레트, 네자, 호드, 예소드, 말쿠드 등 10개의 세피라(sephirah, 수 또는 빛)로 이루어져 있으며 이들 모두는 22개의 연결 통로로 이어져 있다.

### • 셔플(shuffle)

카드를 섞는 것을 말한다. 순서대로 정리해놓은 카드를 뒤섞지 않으면 질문마다 매번 비슷한 카드를 뽑게 될 것이다. 이러한 문제를 방지하기 위해 질문할 때마다 셔플을 다시 해야 하는데, 바닥에 카드 뒷면이 위로 향하게 놓고 양손으로 원을 그리듯 섞을 수도 있고, 직접 손에 들고 섞을 수도 있다.

### • 수비학(numerology)

수(숫자)를 뜻하는 'number'와 학문을 뜻하는 'ology'가 합쳐진 말로, 수가 인간 삶과 어떤 관련이 있고 수가 인간에게 어떤 영향을 미치는지를 연구하는 학문이다. 타로에서는 대표적으로 메이저 카드와 마이너 카드의 숫자 배열과 의미 해석을 수비학적으로 분석할 수 있다. 수비학은 수를 만물의 원리로 설명한 피타고라스 학파에서 시작되었다고 알려져 있지만, 동양에서도 주역의 괘를 그림과 숫자로 보고 운세를 판단한다고 하여 상수학(象數學)이라고 부른다.

### • 슈트(Suit)

마이너 카드의 지팡이(Wand), 컵(Cup), 검(Sword), 동전(Pentacle)을 말한다. 각각의 슈트는 숫자 카드 10장과 코트 카드 4장으로 이루어져 있다.

### • 스프레드(spread)

레이아웃(layout)와 같은 의미로, 카드를 펼치는 모양 또는 카드를 펼치는 방법을 말한다. 한 번의 질문에 카드를 한 장만 사용할 수도 있고, 열 장이 넘는 많은 카드를 사용할 수도 있다. 스프레드 종류는 매우 다양한데, 그 중 가장 많이 사용하는 배열법은

3 카드 변형 배열법과 켈틱 크로스 배열법이다. 이 책 4부에서 배열법에 따른 카드 해석을 자세하게 설명한다.


### • 스프레드 천(spread sheet)

카드를 펼칠 때 카드가 더럽혀지지 않게 바닥에 까는 천을 말한다. 정신을 집중시키고, 나름대로 신성한 의식처럼 보이게 하는 효과도 있다.


### • 아카나(Arcana)

타로카드 한 장 한 장을 부르는 이름이다. 비밀, 신비라는 의미의 라틴어 '아르카눔(arcanum)'의 복수형으로, 타로카드에 지혜와 신비로운 미스터리가 숨겨져 있음을 암시한다.


### • 에이스(Ace)

마이너 카드의 네 가지 슈트마다 첫 번째인 숫자 카드 1번을 의미한다.


### • 역방향

타로카드를 읽는 사람 기준 또는 내담자 기준으로(어떤 기준인지는 점을 치기 전에 미리 정해야 한다) 카드의 위 아래가 거꾸로 뒤집힌 것을 말한다. 역방향을 사용하는 경우 카드의 원래 의미가 더욱 강해지거나 약해지기도 하고, 반대 의미를 띠거나 전혀 다른 의미를 띠기도 한다.

　타로카드가 처음 만들어졌을 때는 정방향의 키워드를 중심으로 해석하였지만, 1784년에 프랑스 점술가 알리에트(Jean-Baptiste Alliette)가 자신의 이름을 거꾸로 쓴 에테일라(Etteilla) 카드를 만들면서 최초로 역방향 타로를 도입한 이후 현대에서는 정방향과 역방향을 구분하여 사용하는 경향이 강해졌다. 다만, 정방향과 역방향이 어긋날 수 있기 때문에 역방향을 사용할 경우에는 타로 셔플과 배열법(스프레드)을 더욱 정확하게 해야 한다.

### • 지시 카드(Significator)

질문자 자신이나 질문 자체를 상징하는 카드로 타로 리딩을 하기 전에 전체 카드 또는 코트 카드 중에서 선택한다. 지시 카드를 사용하는 배열법으로 켈틱 크로스 배열법이 있다.

### • 오컬트(Occult)

신비주의, 즉 과학으로는 설명할 수 없는 초자연적 현상 또는 그에 대한 지식을 뜻하며, 연금술, 마법, 점성술, 주문 등이 여기에 해당한다. 라이더 웨이트 타로를 만들면서 모던 타로의 시작을 연 황금새벽회가 바로 신비주의 단체이며, 이 단체에 영향을 준 사람들 역시 18~19세기의 프랑스 신비주의자(오컬티스트)들이다.

### • 오컬틱 초이스(Occultic choice)

타로는 인간의 무의식 또는 육감에 의존한다. 따라서 카드를 선택할 때 나의 직관 또는 특정한 기(氣)가 작용하여 내 질문에 대답해주는 적절한 카드를 고르게 된다고 설명한다. 즉, 타로를 뽑는 순간 설명할 수 없는 인간의 잠재력이 그 사람의 마음과 관련된 카드를 선택하게 만들고, 카드를 뽑는 순간의 선택으로 갈리게 되는 운명을 예측한다는 것이다. 직역하면 '초자연적인 선택'이라는 뜻인데, 타로카드를 뽑는 행위 자체가 무의식적인 직관이기 때문에 말로는 그 원리를 설명하기 어렵다는 의미가 포함되어 있다.

### • 유니버설 웨이트 타로(Universal Waite Tarot)

메리 핸슨 로버츠(Mary Hanson-Roberts)가 라이더 웨이트 타로에 색연필로 아름답게 채색하여 제작한 카드이다. 라이더 웨이트 타로의 상징성을 그대로 따르고 있는 대표적인 웨이트 계열 타로이다.

**• 이미지 리딩(Image reading)**

타로카드의 그림을 보고 느낌대로 카드의 의미를 해석해보는 것을 말한다. 스토리 메이킹(story making) 또는 타로 리딩(Tarot reading)이라고 한다. 카드에 어떤 인물이 등장하고 어떤 상황이 벌어지고 있는지를 읽어내면서 카드의 의미가 긍정적인지 부정적인지를 판단할 수 있고, 카드에 담긴 메시지(키워드)를 이해하게 된다.


**• 정방향**

역방향의 반대로, 카드를 섞은 다음 펼쳤을 때 카드를 읽는 사람 기준 또는 내담자 기준에서 그림이 똑바로 되어 있는 상태를 말한다. 일반적인 키워드는 바로 정방향의 키워드를 말한다.


**• 지팡이(Wands)**

마이너 카드를 구성하는 네 가지 슈트 중 하나로, 에이스(1)부터 10까지의 숫자 카드 10장 그리고 왕 · 여왕 · 기사 · 소년의 코트 카드 10장 등 모두 14장으로 구성되어 있다. 역마성, 창조성, 활동성, 추진력, 노동 등을 상징한다.


**• 질문자**

타로카드의 답을 듣기를 원하는 사람, 즉 점을 보는 사람을 말한다. 내담자라고도 한다. 타로 배열법에서 Q로 표시하기도 한다.


**• 차크라(Chakra)**

산스크리트(Sanskrit) 용어로 원 또는 바퀴를 의미하며, 인간의 육체와 정신을 하나로 연결하는 에너지의 중심이다. 타로카드 배열법 중에 질문자의 자아와 무의식 상태를 보여주는 차크라 배열법이 있으며, 일곱 장의 카드를 아래에서 위로 하나씩 배열한다.

### • 카발라(Kabbalah)

유대교 신비주의 전통을 의미한다. 18~19세기 프랑스 신비주의자들이 오컬트적인 전통과 카발라의 상징 체계를 도입하면서 타로카드의 발전에 크게 기여하였다.

### • 컵(Cups)

마이너 카드를 구성하는 네 가지 슈트 중 하나로, 에이스(1)부터 10까지의 숫자 카드 10장 그리고 왕·여왕·기사·소년의 코트 카드 10장 등 모두 14장으로 구성되어 있다. 감수성, 감정, 명예, 인간관계 등을 상징한다.

### • 컷(cut)

자른다는 뜻으로, 카드를 고루 섞은 다음 무더기를 나누는 동작을 말한다.

### • 코트 카드(Court card)

마이너 카드에 속하며, 궁정 카드 또는 인물 카드라고도 한다. 슈트마다 소년, 기사, 여왕, 왕 등 네 가지 코트 카드가 있으며, 질문자 또는 그와 관련된 사람의 성격과 외모 등을 알려준다.

예를 들어 소년 카드는 10대 후반에서 20대 초반의 생기발랄한 소년이나 청년을 나타내고, 기사 카드는 20대 중후반의 활동적인 청년을 나타내며, 여왕 카드는 40~50대의 현실적인 중년여성을 나타내며, 왕 카드는 남성적이고 자신감 넘치는 중장년을 나타낸다.

### • 클래식(classic) 타로

모던 타로 이전의 타로이며, 비스콘티 스포르자 타로와 마르세유 타로 그리고 에테일라 타로 등이 있다.

클래식 타로와 모던 타로는 메이저 카드의 번호나 배열 순서에 차이가 있다. 예를 들어 현대 타로카드의 원형에 가까운 형태로 타로카드의 기본 상징 체계에 잘 들어맞는

다고 평가받는 마르세유 타로를 보자. 모던 타로에서 바보 카드는 0번으로 1번인 마법사 카드 앞에 나오지만 마르세유 타로에서는 21번 뒤에 위치한다. 또한 모던 타로에서 힘 카드는 8번에 위치하고 정의 카드는 11번에 위치하는데, 마르세유 타로에서는 이 순서가 서로 뒤바뀌어 있다. 또한 클래식 타로의 마이너 카드(숫자 카드)에는 등장인물이 없다.

### • 트럼프 카드(trump card)

메이저 카드를 말한다.

### • 핍 카드(pip card)

마이너 카드 중 에이스(1)부터 10까지의 숫자 카드를 말한다. 각각의 숫자는 수비학과 연관된 상징적 의미가 숨겨져 있다.

**1. 다음 중 타로의 상징 체계에 해당하지 않는 것은?**

① 색상　　② 식물　　③ 동물　　④ 자연　　⑤ 화가

타로를 그린 화가가 누구인가는 타로의 상징 체계와 상관이 없다.

**2. 다음 중 타로 속의 상징 체계를 잘못 설명한 것은?**

① 한 쌍의 기둥 – 양면성, 이중성
② 깃발 – 자유, 모험
③ 나팔 – 비밀, 신비
④ 지팡이 – 의지, 보조
⑤ 등불 – 지혜, 지식

나팔은 복음, 영혼, 시작, 탄생 등을 상징한다.

**3. 다음 중 타로 속의 상징 체계를 잘못 설명한 것은?**

① 뫼비우스의 띠 – 영원, 완성
② 타우(Tau) 십자가 – 다산, 풍요
③ 우로보로스 – 완성, 영원
④ 양팔저울 – 균형, 평행
⑤ 다윗의 별 – 결합, 조화

타우(Tau) 십자가는 천상, 지상, 인간, 삼위일체를 상징한다.

**4. 다음 중 타로 속의 상징 체계를 잘못 설명한 것은?**

① 곡식 – 비옥, 풍요, 풍성
② 석류 – 풍성, 풍요, 다산
③ 붉은 장미 – 순수, 청결, 결합
④ 사과나무 – 지혜의 나무, 선과 악의 나무
⑤ 해바라기 – 태양, 정열, 활동

붉은 장미는 정열, 열정, 사랑, 생명, 창조 등을 상징한다.

**5. 다음 중 타로의 숫자와 상징 체계를 잘못 설명한 것은?**

① 에이스(1) – 시작, 창조, 모험　　② 숫자 2 – 균형, 평형, 상호
③ 숫자 3 – 협력, 화합, 성장　　④ 숫자 4 – 지혜, 남성, 완벽
⑤ 숫자 5 – 완성, 성장, 혁신

숫자 4는 현실, 실질, 이성 등을 상징한다.

6. 다음 중 타로 용어를 올바로 설명한 것은?

① 덱(deck) – 타로카드 한 세트를 말한다.
② 컷(cut) – 펼친다는 뜻으로 타로카드를 배열하기 위하여 펼치는 것을 말한다.
③ 셔플(shuffle) – 카드를 고르는 것을 말한다.
④ 스프레드(spread) – 카드를 뒤섞는 것을 말한다.
⑤ 초이스(choice) – 타로카드 전체에서 한 무더기를 덜어내는 것을 말한다.

> 타로카드를 펼치는 것은 스프레드, 카드를 고르는 것은 초이스, 카드를 뒤섞는 것은 셔플, 카드의 한 무더기를 덜어내는 것은 컷이다.

7. 다음 중 지팡이 카드의 상징이나 의미에 속하지 않는 것은?

① 불　② 열정　③ 직관　④ 바람　⑤ 활동성

> 바람은 검 카드의 상징성과 관련된다.

8. 다음 중 컵 카드의 상징이나 의미에 속하는 것은?

① 바람　② 물　③ 불　④ 흙　⑤ 공기

> 컵 카드는 물을 상징한다.

9. 다음 중 동전 카드의 상징이나 의미에 속하지 않는 것은?

① 흙　② 물질　③ 창조　④ 예술　⑤ 역마

> 역마는 지팡이 카드와 연관성이 크다.

10. 다음 중 코트 카드에 속하지 않는 카드는?

① 소년　② 기사　③ 마법사　④ 왕　⑤ 여왕

> 마법사 카드는 코트 카드에 속하지 않는다.

11. 다음 중 마이너 카드의 네 가지 슈트에 속하지 않는 것은?

① 검　② 모자　③ 지팡이　④ 컵　⑤ 동전

> 모자 카드는 존재하지 않는다.

실전
문제

**정답**　1⑤, 2③, 3②, 4③, 5④, 6①, 7④, 8②, 9⑤, 10③, 11②

# 그녀를 보기만 해도 알 수 있는 것
## Things You Can Tell Just by Looking at Her, 1999

로드리고 가르시아가 각본과 감독을 담당하고, 할리우드의 정상급 연기파 배우인 글렌 클로즈와 홀리 헌터를 비롯한 일곱 명의 여배우가 다섯 개의 에피소드를 통해 여자들의 삶을 잔잔하게 보여주는 옴니버스 영화이다.

로드리고 가르시아는 『백년 동안의 고독』으로 노벨 문학상을 수상한 가브리엘 가르시아 마르케스의 아들로, 극 중에서 카메론 디아즈가 이 책 이름을 말하는 장면이 있다.

첫 번째 이야기에서 산부인과 의사 키너(글렌 클로즈)는 휴가를 떠난 간병인 대신에 치매에 걸린 노모를 돌본다. 그녀는 타로점을 치는 크리스틴을 집으로 불러들이고, 크리스틴은 마치 키너의 마음 속을 들여다보듯이 카드의 점괘를 들려준다.

두 번째 이야기의 주인공은 유부남과 사귀다 임신하고 심각한 갈등에 빠지는 은행 매니저 레베카(홀리 헌터), 세 번째 이야기의 주인공은 이혼 후 사춘기 아들과 살아가는 동화작가 로즈(캐시 베이커), 네 번째 이야기의 주인공은 타로점을 치는 크리스틴(칼리스타 플록하트)과 병으로 죽어가는 동성애인 릴리(발리리아 골리노), 다섯 번째 이야기의 주인공은 형사 캐시(에이미 브렌너먼)와 앞을 보지 못하는 여동생 캐롤(카메론 디아즈)이다.

이제 첫 에피소드의 주인공인 키너와 크리스틴이 타로점을 치는 장면을 보자. 크리스틴은 타로점을 치기 전에 먼저 향초를 켜고, 테이블에 카드 무더기를 펼친 후 키너에게 열 장의 카드를 고르게 한다. 그리고 그 열 장의 카드를 켈틱 크로스 배열법으로 배열한다.

크리스틴이 키너의 전반적인 운을 말해줄 때 열 개의 지팡이 카드, 여덟 개의 검 카드, 다섯 개의 동전 카드를 비춘다. 카드점에서 말하는 키너는 겉으로 보기에는 자신만만하고 성공한 사람이지만, 내면은 외롭고 쓸쓸하다. 그녀는 결혼에 실패했으며, 혼자라는 사실에 불행을 느낀다. 또한 그녀는 남을 신뢰하지 못하고 친구가 없다. 결혼생활 중에 알게 된 사람들은 모두 남편의 친구들로, 그들 중 일부는 그녀와 친하게 지내고 싶었지만 그녀의 차갑고 쌀쌀맞은 태도에 더 이상 다가오지 않았다.

이어서 크리스틴은 키너의 사랑에 대해서 들려준다. 사실 키너는 동료 의사에게 호감을 가지고 있고 크리스틴이 방문하기 전까지 그의 전화를 기다리고 있었다. 하지만 크리스틴은 악마 카드와 세 개의 검 카드를 보고 키너가 직장에서 만난 남자에게 호감을 느끼지만 그는 차가운 사람이고 쉽게 친해지기 어렵다고 들려준다. 또한 그녀가 사람에게 쉽게 빠져들며, 상대방의 태도를 애정으로 오해하고 낙담하는 경향이 있다고 설명한다. 그리고 앞으로 키너가 지금 호감을 가진 사람이 아닌 전혀 새로운 사람을 만나게 된다고 예언한다.

키너의 집을 떠나면서 크리스틴은 오늘 본 것은 그냥 카드점일 뿐 당신 없이 일어나는 일은 없다고 말한다.

이렇게 타인에게 조언하는 일을 직업으로 가진 크리스틴이지만, 정작 애인인 릴리가 고통 속에 죽어가는 자신의 상황에서는 어찌할 바를 모른다. 두려움과 외로움, 그녀는 그 속에서 길을 잃는다.

STRENGTH

메이저 카드는 0번부터 21번까지 모두 22장으로 구성되어 있으며, 각각의 카드에는 인간과 우주의 세계를 표현하는 상징적인 인물(또는 사물)들이 등장한다. 이들은 서로 관련이 없는 개별적인 존재로 보이기 쉽지만, 사실 이들 모두는 사람이 살아가면서 겪게 되는 다양한 인생사를 일관되게 보여주고 있다. 즉, 사람이 태어나서 인생을 살다가 죽음에 이르기까지 청년기, 장년기, 노년기를 거치며 시시각각으로 달라지는 삶의 모습과 심리 상태, 그리고 타인을 비롯한 외부 세계와 어떻게 부딪치고 대처해 나가는지를 보여준다.



# 메이저 카드의 해석

# 메이저 카드의 심리와 의미

| 번호 | 카드 명칭 | 심리 | 숫자의 의미 |
| --- | --- | --- | --- |
| 0 | 바보(The Fool). 또는 광대, 나그네 | 모험 | 무한, 잠재, 신성 |
| 1 | 마법사(The Magician) | 창조 | 독립, 탄생, 자신감 |
| 2 | 여사제(The High Priestess) | 직관 | 감성, 균형, 이중성 |
| 3 | 여황제(The Empress) | 포용 | 창조, 표현, 심각 |
| 4 | 황제(The Emperor) | 권위 | 질서, 안정, 규칙 |
| 5 | 교황(The Hierophant) | 치유 | 유동, 변화, 지혜 |
| 6 | 연인(The Lovers) | 사랑 | 사랑, 조화, 화해 |
| 7 | 전차(The Chariot) | 실행 | 비밀, 신성, 생명 |
| 8 | 힘(Strength) | 인내 | 자비, 권위, 영광 |
| 9 | 은둔자(The Hermit) | 수용 | 감성, 헌신, 고독 |
| 10 | 운명의 수레바퀴(Wheel of Fortune) | 변화 | 전체, 완성, 변화 |
| 11 | 정의(Justice) | 조정 | 표현, 상승, 발전 |
| 12 | 매달린 사람(The Hanged Man) | 안정 | 안정, 완성, 정리 |
| 13 | 죽음(Death) | 염세 | 건설, 시작, 생성 |
| 14 | 절제(Temperance) | 조화 | 적응, 진화, 발전 |
| 15 | 악마(The Devil) | 속박 | 문명, 발전, 창조 |
| 16 | 탑(The Tower) | 파괴 | 지혜, 신성, 자기 정화 |
| 17 | 별(The Star) | 표현 | 무한, 에너지, 표현 |
| 18 | 달(The Moon) | 동요 | 출산, 생각, 사유 |
| 19 | 태양(The Sun) | 활동 | 전체, 완성, 성공 |
| 20 | 심판(Judgement) | 반성 | 창조, 표현, 탄생 |
| 21 | 세계(The World) | 보편 | 완성, 출발, 활동 |

# 메이저 카드
## MAJOR CARD

메이저 카드는 0번부터 21번까지 모두 22장으로 구성되어 있으며, 각각의 카드에는 인간과 우주의 세계를 표현하는 상징적인 인물(또는 사물)들이 등장한다. 이들은 서로 관련이 없는 개별적인 존재로 보이기 쉽지만, 사실 이들 모두는 사람이 살아가면서 겪게 되는 다양한 인생사를 일관되게 보여주고 있다. 즉, 사람이 태어나서 인생을 살다가 죽음에 이르기까지 청년기, 장년기, 노년기를 거치며 시시각각으로 달라지는 삶의 모습과 심리 상태, 그리고 타인을 비롯한 외부 세계와 어떻게 부딪치고 대처해 나가는지를 보여준다.

메이저 카드 22장의 구성은 시대와 카드 종류에 따라 조금씩 달라진다. 예를 들어 현재 가장 널리 쓰이는 모던 타로에서는 0번 바보 카드가 1번 마법사 카드 앞에 나오고, 8번이 힘 카드이고 11번이 정의 카드이다. 하지만 대표적인 클래식 카드인 마르세유 타로를 보면 바보 카드가 21번 세계 카드 다음에 위치하며, 8번이 정의 카드이고 11번이 힘 카드이다. 하지만 이러한 차이가 인생의 여정을 나타내는 타로의 상징성에 영향을 미치지는 않는다. 단지 순서가 바뀌었을 뿐, 다른 카드와 마찬가지로 이들 카드 역시 사람들이 살아가는 인생의 한 모습(과정)을 보여주기 때문이다.

타로카드는 카드를 놓는 방향에 따라 정방향과 역방향이 구분된다. 카드가 만들어진 초기에는 역방향이 없었지만, 현대에서는 정방향과 역방향을 구분하여 사용하는 경향이 강하다. 앞서 『타로카드 초보탈출』에서는 정방향의 키워드만을 소개하였고, 이 책에서는 역방향을 활용하는 리버스드 리딩(reversed reading)을 함께 다룬다. 역방향을 활용하면 정방향일 때의 키워드와는 의미가 달라지므로 주의해야 한다. 먼저 카드에 담긴 매우 좋은 의미가 약해지는 경우는 황제, 여황제, 연인, 태양, 별, 세계 등의 카드이다. 다음으로, 적당하게 좋은 의미를 가지고 있는 카드는 부정적인 의미로 변하는 경우가 많다. 마법사, 정의, 절제, 심판, 전차 등의 카드가 여기에 해당한다. 마지막으로, 부정적인 의미가 약하게 변하는 경우는 바보, 탑, 죽음 카드이고, 부정적인 의미가 강하게 변하는 경우는 은둔자, 악마 카드이다. 하지만 무조건 부정적이거나 긍정적이지는 않고 카드 배열에 따라 달라지므로 정확한 판단을 위해 다양한 임상이 필수이다.

# 0

# 바보 The Fool

Key word **정방향**

시작, 출발, 자유로운 연애, 모험적인, 의지력이 있는, 창의력이 있는, 미숙한, 생각이 부족한, 어리석은 행동을 하는, 불안정한, 경솔한

**역방향** Key word

끝, 종료, 계획의 무산, 부도, 타락, 쇠퇴, 파괴, 파멸, 고민, 유산, 이혼, 어두운 미래, 부정적인 시작, 금전 손실, 무책임한, 무모한, 사려 깊지 못한 행동, 잘못된 선택, 잘못된 결정, 우유부단한

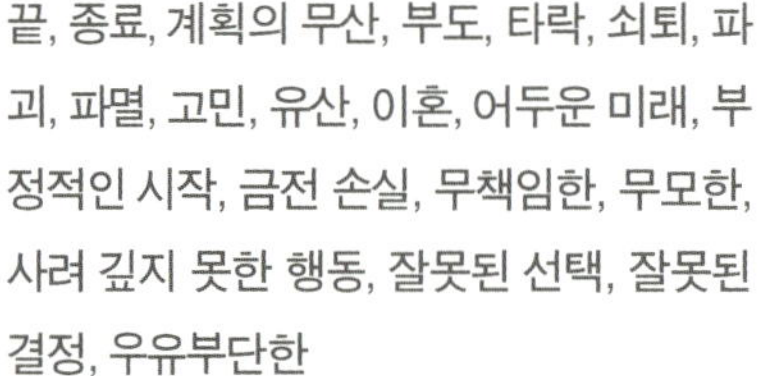

### 직업 적성

자유업, 외교관, 비행사, 항해사, 스튜어디스, 여행업, 관광업, 무역업, 군인, 경찰, 프리랜서, 여행가이드, 여행작가, 선도자, 문학가, 시나리오작가, 드라마작가, 예술가, 탐험가, 모험가, 등반가, 패션디자이너

### 성격 특성

- **장점** : 자유주의자, 재간둥이, 순수한, 소박한, 모험가적인, 스스로 결단하는, 활동적인
- **단점** : 유랑하는, 떠도는, 방황하는, 성급한, 어리석은, 바보 같은, 사치스러운, 끈기가 부족한, 방종하는, 경솔한, 미성숙한

### 건강 및 질환

허약체질, 건망증, 과대망상, 신경과 질환, 정신과 질환, 골절, 낙상, 교통사고

### 건 강 운

위험을 모르고 있으며, 건강 관리를 제대로 못하고 있다. 수술이 잘못되었다.

### 재 물 운

예상치 못한 돈을 소비하게 된다. 출장이나 여행을 떠날 돈이 필요해진다.

### 애 정 운

평범하지 않은 사랑을 하게 된다. 자유분방한 사랑 또는 어리석은 사랑에 빠진다.

### 학업운 · 시험운 · 합격운

현재 상태를 유지하도록 노력해야 한다. 당선은 다음 기회를 노리는 것이 좋다.

## 직장운 · 승진운 · 당선운

일처리를 안일하게 하면 문서로 인해 재물에 큰 손실이 생기므로 신중해야 한다.

## 매매운 · 이사운 · 여행운 · 변화변동

아직 때가 오지 않았으므로 매매가 쉽게 성사되지 않는다. 이사는 서두르지 않는 것이 좋다.

**Q** 친구에게 돈을 빌려주었는데 이번 주까지 받을 수 있을까?

**정방향** _ 막연히 기다리고만 있으면 돈을 받을 수 없다.

**역방향** _ 받을 수 없겠다. 적극적으로 돈을 달라고 말하고 대처해야 할 것이다.

**Q** 지방에 계신 어머니께서 입원하셨다고 형님에게서 전화가 왔는데 급히 전화를 끊어 어디가 편찮으신지 자세히 물어보지 못했다. 어디가 아프신지 알 수 있을까?

**정방향** _ 바보 카드는 정신 또는 관절 등의 질환에 해당하므로 치매, 자폐증, 신경성 관절염, 낙상 등의 질병으로 입원하셨다.

**역방향** _ 건강문제는 역방향과 정방향의 해석이 같다. 즉, 어머니는 정신 또는 관절에 관련된 질환으로 입원하셨다.

**Q** 아들이 중학교 야구선수인데 오늘 시합을 한다. 이길 수 있을까?

**정방향** _ 비기거나 지는 시합이 될 것이다.

**역방향** _ 쉽지 않은 경기가 될 것이다. 질 확률이 높다.

# 마법사 The Magician

**Key word** **정방향**

창의적인, 독창적인, 아이디어가 풍부한, 재능이 있는, 능력이 있는, 다재다능한, 유능한, 기술력이 있는, 상상력이 발달한, 자기 확신이 있는, 능수능란한

**역방향** **Key word**

구속, 장애, 공허함, 고독, 두려움, 불안정, 냉담, 실망, 자만심, 경솔함, 의지력이 부족한, 어리석은 행동을 하는, 능력이 없는, 뜻대로 되지 않는, 자기 확신이 없는, 불안함이 잠재해 있는

### 직업 적성

예술가(화가 · 조각가 · 음악가 · 작곡가 · 무용가 · 사진작가 · 문학가), 연예인, 방송인, PD, 감독, 연출가, 광고인, 엔지니어, 과학자, 발명가, 기획가, 협상가, 컨설턴트, 제조업, 자영업, 세일즈맨, 장인, 연구원, 마술사, 동시통역사, 의상디자이너

### 성격 특성

- **장점** : 재능이 있는, 손재주가 있는, 능력이 있는, 재주가 뛰어난, 아이디어가 반짝이는, 머리가 비상한, 능숙한, 능수능란한, 노련한, 뛰어난 기술을 가진, 말재주가 있는, 열정적인, 결과에 몰두하는, 문제를 해결하는, 완벽한
- **단점** : 속임수를 부리는, 사기를 치는, 거짓말을 하는, 변덕스런, 자만심이 강한, 집착하는, 완벽을 추구하는, 융통성이 부족한, 결과에 집착하는

### 건강 및 질환

혈압, 중풍, 두통, 빈혈, 순환기 질환, 전신 수술

### 건 강 운

수술할 일이 있다. 복잡한 병이지만 치료된다.

### 재 물 운

자신의 능력이나 재물을 잘 활용하여 또 다른 재물을 만들어낸다. 수익 창출이 크겠다.

### 애 정 운

많은 사람들에게 인기가 있고, 원하는 상대에게 적극적으로 다가가서 자신의 사람으로 만든다.

### 학업운 · 시험운 · 합격운

수험생은 합격 등의 영광이 있으며, 구직자는 좋은 직장이 생긴다.

### 직장운 · 승진운 · 당선운

직장에서 상사에게 실력을 인정받고 승진한다. 또한 능력이 있으므로 당선의 기쁨을 맞이한다.

### 매매운 · 이사운 · 여행운 · 변화변동

매매가 쉽게 이루어지고 이사하기에도 좋은 기회이다. 새로운 변화를 계획하기에 좋은 시기다.

**Q** 새로운 사람과 소개팅을 하게 됐는데 어떤 사람일까?

**정방향 _** 능력 있는 사람으로 재능과 재치가 있고 매사에 긍정적인 사람이다.

**역방향 _** 자신이 만나는 이성마다 모두 소유할 수 있다고 생각하는 바람둥이 기질이 다분한 사람이다.

**Q** 잘 아는 분이 총선에 출마하는데 국회의원에 당선될까?

**정방향 _** 어떤 일이든 완성해내는 사람이므로 국회의원 선거에 당선될 것이다.

**역방향 _** 선거에서 낙선할 가능성이 높으며 자칫 선거법 위반으로 구속되거나 소송에 휘말릴 가능성이 크다.

**Q** 한국이 토요일에 다른 나라와 축구 시합을 한다. 어떤 결과가 나올까?

**정방향 _** 여유 있게 상대 팀을 이길 것이다.

**역방향 _** 어려운 경기가 될 것이다. 지는 시합이 되겠다.

# 여사제 The High Priestess

**정방향**

만족스러운, 정신적 풍요, 정신적으로 완벽한, 협상하는, 타협하는, 신비로운, 지혜로운, 해박한, 확장하는, 판단력이 있는, 침착한, 자기 절제를 잘하는, 교류하는, 통찰력이 있는, 이해력이 뛰어난, 생각이 깊은, 차분한

**역방향**

결벽증, 자폐증, 폐쇄적인, 감성을 드러내지 않는, 독신주의자, 완벽주의자, 확신이 없는, 인내심이 부족한, 감각적인 즐거움에 몰입하는, 고집이 센, 자존심이 지나친, 중단, 중지, 미완성, 실망스러운, 건방진, 외로운, 제멋대로 행동하는, 무지한, 이해력이 부족한, 과시하는

## 직업 적성

성직자(신부·수녀·승려·목사), 종교 관련 직업, 자선사업가, 학자, 교육자, 연구원, 조언가, 카운슬러, 보모, 점술가, 무당, 산파, 역학자, 사주상담가, 타로마스터

## 성격 특성

- **장점** : 깔끔한, 정숙한, 여성적인, 자기 절제를 잘하는, 중도를 걷는, 이성적인, 판단력이 있는, 현명한, 푸근한, 감성적인, 자기 관리를 잘하는, 지식과 지혜가 뛰어난, 직관력이 뛰어난, 상상력이 발달한, 진실한
- **단점** : 차가운, 냉정한, 답답한, 융통성이 부족한, 도도한, 생각이 너무 많은, 자신을 감추는, 외로운, 고독한

## 건강 및 질환

신경성 질환(스트레스성 위염·과민성대장증후군 등), 소화장애, 원인이 알려지지 않은 희귀병, 두통, 목디스크, 하체 수술, 교통사고

## 건 강 운

크게 걱정할 일이 없다. 심리적 안정만 찾으면 된다.

## 재 물 운

사업가로서는 노력이 부족하고, 정치가로서는 너무 순진하고 순수하다. 재물은 여유가 있지만 큰돈은 가지지 못한다.

## 애 정 운

좋은 인연으로 깊고 순수한 사랑을 한다. 다만, 질문에 따라 독신남, 독신녀 또는 외로이 홀로 되는 상황이 벌어지기도 한다.

### 학업운 · 시험운 · 합격운

일반적인 시험에는 합격하지만, 고시 같은 큰 시험은 더 노력해야 한다.

### 직장운 · 승진운 · 당선운

직장인은 새로운 자리를 옮기지만 승진은 아니다.

### 매매운 · 이사운 · 여행운 · 변화변동

이사해도 되지만 무리하지 않는 것이 좋다. 매매는 큰 이익은 없지만 순조롭게 성사
된다.

**Q** 매일 출근길에 지하철에서 만나는 사람이 적극적으로 데이트 신청을
하는데 어떻게 해야 할까?

**정방향** _ 자기 절제를 하고 지혜롭게 대처해야 한다. 마음 가는 대로 하면 안 된다.

**역방향** _ 실망스러운 결과를 가져올 것이다. 적극적으로 거부해야 한다.

**Q** 여자친구를 소개받았는데 어떤 성격의 소유자일까?

**정방향** _ 침착하고 자기 절제를 잘하며, 정신적으로 풍요롭고 통찰력이 있는 여성이다.

**역방향** _ 폐쇄적이고 결벽증이 있으며 자기 감정을 잘 드러내지 않는 완벽주의자 타
입이다.

**Q** 고모부가 구의원에 출마하려고 한다. 당선되겠는가?

**정방향** _ 자기 관리가 뛰어나고 통찰력이 있어서 선거에 유리하다.

**역방향** _ 대인관계가 좋지 않아 선거에 낙선할 가능성이 크다.

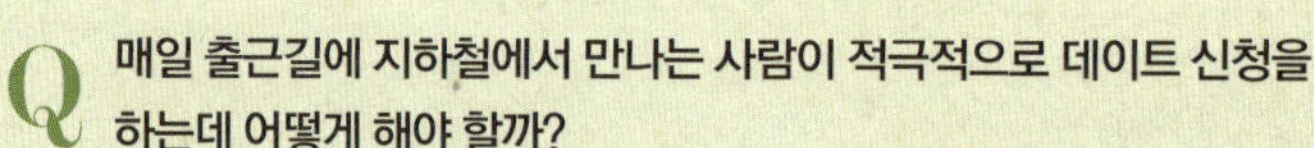

# III

# 여황제 The Empress

**정방향**

모성애가 있는, 풍부한, 생산력이 있는, 만족하는, 아름다운, 발전하는, 여성적인, 수확이 풍성한, 실용성이 있는, 직관력이 발달한, 리더십이 있는, 포용력이 있는, 능력이 뛰어난

**역방향**

사랑받지 못하는, 사치가 심한, 생산력이 떨어지는, 과도한 손실, 초라한, 불편한, 우유부단한, 집중력이 부족한, 게으른

## 직업 적성

자유로운 직장, 독립적인 직업, 사업가, 정치가, 교육가, 감독관, 금융업, 전문직(법조인 · 회계사 · 건축가 · 의사), 주부, 가내수공업, 텔레마케터, 작가, 미용업

## 성격 특성

- **장점** : 아름다운, 여성스러운, 돌보아주는, 부드러운, 포근한, 활동적인, 평안한, 육체적 매력이 있는, 지배하는, 삶을 즐기는, 효율적인, 여유로운, 만족하는, 고귀한
- **단점** : 권위적인, 사치스러운, 호화스러운, 낭비하는, 나태한, 방만한, 의심이 많은, 비밀스러운, 무시하는, 허영심이 많은, 질투하는, 이해심이 부족한, 이기심이 많은, 이간질하는, 조울증적인

## 건강 및 질환

조울증, 우울증, 갑상선, 불임, 자궁외 임신, 산부인과 질환, 비뇨기 질환

## 건 강 운

매우 건강한 상태이다.

## 재 물 운

주변 여건에 상관 없이 승승장구하고 재물이 순조롭게 들어온다.

## 애 정 운

좋은 분위기에서 그리운 사람을 만나 즐거운 시간을 가진다. 또한 사랑하는 연인과 결혼하게 된다.

## 학업운 · 시험운 · 합격운

실력 이상의 점수로 원하는 학교나 어려운 시험에 합격하고, 구직자는 취직한다.

**직장운 · 승진운 · 당선운**

직장인은 높은 자리에 승진하고, 출마자는 당선되어 사람들을 이끌게 된다.

**매매운 · 이사운 · 여행운 · 변화변동**

매매와 이사 또한 주변의 도움을 받아서 어떤 경우든 이루어진다.

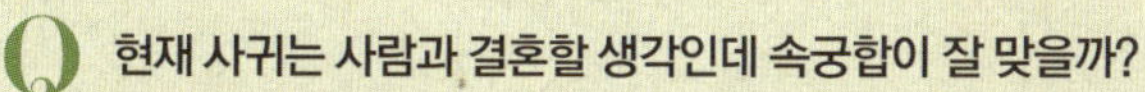

원 카드 리딩

**Q** 현재 사귀는 사람과 결혼할 생각인데 속궁합이 잘 맞을까?

**정방향 _** 서로 적극적으로 사랑을 나누고 감추는 것 없이 대화를 나누어 성적으로 충분히 만족스러울 것이다.

**역방향 _** 이성에 집착하며 바람둥이 기질이 있어서 궁합이 잘 맞지 않는다고 할 수 있다.

**Q** 타로마스터가 되기 위해 공부하고 있는데 잘될 수 있을까?

**정방향 _** 직관력이 뛰어나고 능력도 있으므로 타로마스터로서 자리를 잡게 될 것이다.

**역방향 _** 처음의 열정이 사라지며 집중력이 부족하고 게을러서 타로마스터로 나서지 못하거나, 시작해도 능력을 발휘하기 어렵다.

**Q** 같은 과 선배가 스토커처럼 따라다닌다. 어떻게 해야 할까?

**정방향 _** 피하지 말고 거부 의사를 확실하게 표현해야 한다.

**역방향 _** 어려운 상황이 발생한다. 주위에 도움을 요청하는 등 슬기로운 방법으로 빨리 해결해야 한다.

# IV

# 황제 The Emperor

**정방향**

카리스마가 있는, 강력한 지도력이 있는, 엄격한 리더십, 권위가 있는, 부성애가 풍부한, 결실이 매우 큰, 성과가 큰, 성공한, 명성이 있는, 기반이 튼튼한, 건강한 육체를 가진, 정신력이 뛰어난, 모험을 하는

**역방향**

권위적인, 폭력적인, 강제적인, 월권행위를 하는, 통제력을 상실한, 제멋대로 행동하는, 불안정한, 자신감이 없는, 미성숙한, 우유부단한, 무능력한

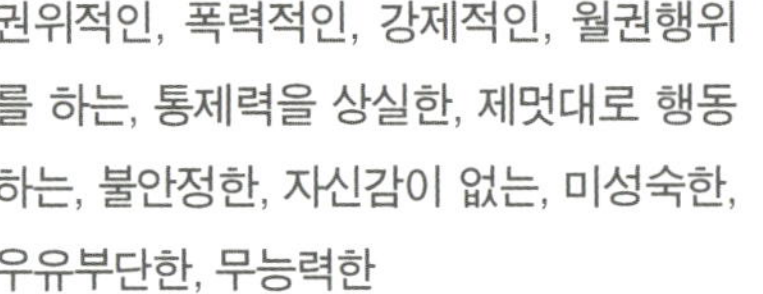

### 직업 적성

사업가, 전문경영인, 무역업, 정치인, 법조인(변호사 · 판사 · 검사), 전문가(회계사 · 건축사 · 세무사), 건축 및 부동산 관련업, 공무원, 집단의 리더, 회사의 임원(고위 간부)

### 성격 특성

- **장점** : 의지력이 강한, 책임감이 있는, 지배하는, 힘이 있는, 현실적인, 과감한, 적극적인, 행동하는, 권위가 있는, 리더십과 카리스마가 있는, 능력이 있는, 야망이 있는, 이성적인, 모험을 하는, 꿋꿋한, 당당한, 연륜이 있는, 경험이 풍부한, 단호한, 굳건한, 안정적인
- **단점** : 독단적인, 냉혹한, 독재적인, 외로운

### 건강 및 질환

고혈압, 심장, 화병, 조울증, 순환기 질환(중풍 · 동맥경화), 당뇨, 간 질환, 다리 골절, 교통사고

### 건 강 운

힘이 넘치고 건강하다.

### 재 물 운

노력한 만큼 꾸준한 수입이 보장되고 횡재운까지 있어서 사업을 확장한다. 주변 사람들의 도움도 크다.

### 애 정 운

새로운 인연이 생기거나 좋은 사람을 만나 즐거운 시간을 보낸다. 연인과 오랫동안 사귄 사람은 결혼을 하는 기쁨도 있을 것이다.

### 학업운 · 시험운 · 합격운

생각하지 못한 합격의 영광이 있고 이름을 널리 떨친다.

### 직장운 · 승진운 · 당선운

직장인은 특진과 영전의 기쁨이 있다.

### 매매운 · 이사운 · 여행운 · 변화변동

넓은 곳으로 이사하며, 매매는 큰 이익이 따른다.

**Q** 현재 사귀고 있는 남자가 건강한지 궁금하다.

**정방향** _ 황제는 당당하고 권위적이며 힘이 있다.
**역방향** _ 체력이 약하고 늘 잔병치레에 시달린다.

**Q** 오늘 하루의 운세를 알고 싶다.

**정방향** _ 정신력이 강하고 리더십이 뛰어나서 성과가 크고 결실을 얻을 수 있는 하루
이다.
**역방향** _ 자기 절제가 부족하고 제멋대로여서 사건 사고에 휘말리거나 어려운 일이
있을 것이다.

**Q** 사업상 미팅에서 발표를 해야 하는데 어떻게 대처해야 할까?

**정방향** _ 자신감을 가지고 적극적으로, 당당하게 발표하면 좋은 반응을 얻을 것이다.
**역방향** _ 조금은 어리숙하고 우유부단하지만 인간적인 모습을 보여주는 것이 좋겠다.

# 교황 The Hierophant

**Key word**

**정방향**

정신적 지도자, 좋은 인연, 중재자, 상담가, 충분히 검토한, 집중력이 있는, 포용력이 있는, 심사숙고하는, 도덕적인, 올바로 판단하는, 신중한, 공평무사한, 사랑이 있는

**역방향** **Key word**

해로운 조언자, 인연이 없는, 실천력이 없는, 보수적인, 말로만 하는, 집중력이 부족한, 미신적인, 우유부단한, 고집을 부리는, 고리타분한, 어리석은, 무기력한

### 직업 적성

성직자(신부 · 수녀 · 승려 · 목사), 종교 관련 직업, 종교철학자, 컨설턴트, 인수합병 전문가, 자선사업가, 사회사업가, 학자, 교육가, 연구원, 조언자, 카운슬러, 중개인, 역학자, 사주상담가, 타로마스터

### 성격 특성

- **장점** : 믿음직한, 자신의 세계가 뚜렷한, 도와줄 준비가 되어 있는, 지혜가 뛰어난, 공부하는, 연구하는, 학식이 깊은, 규칙을 준수하는, 복종하는, 법을 잘 지키는, 순응하는, 전통적인, 도덕적인, 조언해주는, 친절한, 자비로운, 심사숙고하는
- **단점** : 유행에 둔감한, 고리타분한, 답답한, 외로운, 과잉보호하는, 지나치게 민감한, 사람을 잘 믿는, 정이 너무 많은, 우유부단한, 고집이 센

### 건강 및 질환

하체, 목, 어깨, 팔의 통증이나 수술, 편도선, 호흡기, 폐, 사소한 질병, 탈골

### 건 강 운

마음을 편하게 가지는 것이 중요하다. 전반적으로 건강하다.

### 재 물 운

큰 재물은 얻기 힘들지만 심리적으로는 안정적일 것이다.

### 애 정 운

한번 이루어진 사랑은 절대 변하지 않는다. 순수한 사랑, 지고지순한 사랑을 한다.

하지만 오랜 다툼에 지친 부부는 서로 이별하게 되며, 연인들은 자신의 주장을 내세우다가 갈등이 심해진다.

### 학업운 · 시험운 · 합격운

물질적인 것이 아닌, 지식을 쌓거나 정신적 고양이 필요한 시험에 유리하다.

### 직장운 · 승진운 · 당선운

아이디어를 통한 경쟁에서는 매우 좋다. 현재의 위치를 지키는 것이 유리하다.
하지만 새로운 일은 시작할 때가 아니다.

### 매매운 · 이사운 · 여행운 · 변화변동

현재를 지키는 것이 손해를 보지 않는 비결이므로 이사는 다음으로 미루는 것이 좋다.

**Q** 학원에 다니려고 등록했는데 강사가 잘 가르치는 사람일까?

**정방향** _ 정신적 지도자로 집중력이 뛰어나며 스스로 연구하고 노력하는 타입으로 매우 훌륭하게 가르치는 사람이다.

**역방향** _ 배우는 사람은 생각하지 않고 설교하듯 본인만 진도를 나가기 때문에 강사로서는 실력이 부족한 사람이다.

**Q** 해외로 어학연수를 떠나려고 하는데 잘해낼 수 있을까?

**정방향** _ 공부에 집중하여 어학연수를 잘 마칠 수 있을 것이다.

**역방향** _ 고집이 강하고 우유부단한 성격으로 실천력이 떨어져 성공하기 어렵다.

**Q** 남자친구가 나를 결혼 상대로 생각하고 있을까?

**정방향** _ 정신적으로 의지하고 있지만 결혼까지는 생각하고 있지 않다.

**역방향** _ 전혀 결혼을 생각하고 있지 않고, 심지어 좋지 않은 인연이라고 생각한다.

# 연인 The Lovers

**정방향**

서로 잘 어울리는, 천생연분, 정상적인 사랑이나 연애, 주변에서 도와주는, 협력해주는, 성과가 큰, 결과가 있는, 자유로운 감정의 소유자

**역방향**

서로 잘 어울리지 않는, 비정상적인 사랑, 불륜, 불행한 연애, 방해를 받는, 협력하지 않는, 부실한, 손실이 있는, 신뢰할 수 없는, 좌절하는, 변덕스러운

## 직업 적성

연예인, 방송인, 예술가(음악가 · 화가 · 사진작가 · 무용가), 패션디자이너, 헤어디자이너, 서비스직, 결혼상담사, 커플매니저, 사회사업가, 네트워크 마케팅 사업가, 자선사업가, 카운슬러, 종교인

## 성격 특성

- **장점** : 믿음직한, 따뜻한, 부드러운, 관계가 원만한, 감수성이 발달한, 세련된, 감각적인, 매력적인, 사랑하는, 정을 주는, 배려하는, 베푸는, 인정이 있는, 심성이 착한
- **단점** : 마음이 심란한, 갈등하는, 우유부단한, 속임수가 있는, 신의를 저버리는, 마음이 불안정한, 육체에 집착하는, 물질적인 탐욕, 유혹하는

## 건강 및 질환

산부인과 질환, 비뇨기 질환, 신장 질환, 하체 질환

## 건 강 운

쉽게 회복된다. 큰 병이 아니다. 치료가 된다. 수술이 성공적이다.

## 재 물 운

주위의 도움이 이어지고, 새 일을 시작하며, 사람의 왕래가 빈번하므로 소득이 매우 크다.

## 애 정 운

오랜 짝사랑이 이루어지며, 여행에서나 친구의 소개로 좋은 사람을 만난다.

## 학업운 · 시험운 · 합격운

한눈팔지 않고 열심히 공부에만 전념하면 반드시 합격한다.

당선되어 가족들의 얼굴에 웃음이 감돌게 된다. 운이 좋고 노력의 결과로 바라는 일이 이루어진다.



변화의 운이 간절하여 이사, 매매의 욕구가 크다. 원하는 대로 해도 좋다.

**Q**  지금 사귀는 애인과 자꾸 말다툼을 하게 되는데 사이가 좋아질 수 있을까?

**정방향** _ 두 사람은 천생연분이고 말다툼은 사랑의 다툼이다. 서로를 알아가는 과정이라고 생각하고 장점을 보려고 노력하며 배려하는 연습이 필요하다.

**역방향** _ 관계가 쉽게 회복되기 어렵다. 화해를 위해 두 사람이 적극적으로 노력할 필요가 있다.

**Q** 모임에서 만난 남자에게 자꾸 마음이 끌리는데 혹시 유부남일까?

**정방향** _ 행복한 가정을 꾸리고 있는 유부남이다.

**역방향** _ 이혼남이거나 불륜을 저지르고 있는 남자이다.

**Q** 동업을 하려고 하는데 성공할 수 있을까?

**정방향** _ 서로 잘 맞는 타입이기 때문에 사업이 잘될 것이다.

**역방향** _ 서로 다른 생각을 가지고 있기 때문에 동업이 불리하다.

# VII

# 전차 The Chariot

**Key word**

**정방향**

돌파하는, 통솔력이 있는, 극복하는, 성취하는, 의욕이 있는, 씩씩한, 용기 있는, 문제에 도전하는, 저돌적인, 적극적인, 질주하는, 모험을 하는, 자신의 감정을 조절해야 하는

**역방향** **Key word**

통솔력이 없는, 좌절하는, 패배하는, 의욕을 상실한, 욕망이 없는, 집착하는, 문제를 회피하는, 외면하는, 갑작스런 변화가 있는, 마무리가 약한

### 직업 적성

외교관, 무역업, 여행업, 관광업, 운송업, 역마와 관련된 직업, 비행사, 항해사, 스튜어디스, 유통업, 출판업, 홍보, 연예인, 아나운서, 강사, 전문직, 경찰, 공군 · 해군 · 육군 등의 군인, 운동선수, 활동에 강한 직업

### 성격 특성

- **장점** : 적극적인, 활동적인, 행동하는, 빠른, 강력한, 진취적 성향, 강인한, 단호한, 문제를 해결하는, 노력하는, 개척하는, 의지가 강한, 역동적인, 리더십이 있는
- **단점** : 자기 주장이 강한, 거만한, 불손한, 현실도피적인, 일을 벌이는, 선동하는, 급한, 과격한

### 건강 및 질환

전염병, 감기, 교통사고, 근육통, 유행성 출혈열 등 유행성 질병

### 건 강 운

수술해야 한다. 적극적으로 치료하면 나을 수 있다.

### 재 물 운

적극적으로 밀고 나가면 재물이 들어온다.

### 애 정 운

상대방에게 적극적으로 표현하면 새롭게 애정이 싹터 즐거운 데이트에 이어 결혼까지 이루어진다. 다만, 집착이 되지 않게 주의해야 한다.

### 학업운 · 시험운 · 합격운

평소 열심히 공부했다면 반드시 합격한다. 시험과 취직이 모두 희망적이다.

적극적으로 표현하고 부탁하는 사람은 뜻밖에 승진, 합격, 당선한다.



이사는 적극적으로 부동산중개소에 내놓으면 가능하다. 매매 역시 저돌적으로 밀어붙이면 쉽게 성사되고 이익이 생긴다.

**Q** 시험을 보았는데 합격할 수 있을까?

**정방향** _ 적극적으로 준비해왔기 때문에 원하는 만큼의 우수한 성적으로 합격할 것이다.

**역방향** _ 역방향은 정체되고 일이 막히는 암시이므로 시험에 합격하기 어렵다.

**Q** 택시 운전을 직업으로 선택하려고 하는데 괜찮을까?

**정방향** _ 전차는 운전과 관련이 크므로 택시 운전이 잘 어울릴 것이다.

**역방향** _ 원하는 택시 운전 일이 뜻대로 되지 않거나 갑작스러운 변화가 생겨서 어려운 상황이 될 것이다.

**Q** 연기자의 길을 가려고 하는데 괜찮을까?

**정방향** _ 적극적으로 밀고 나가면 좋은 결과가 있을 것이다.

**역방향** _ 갑작스러운 일이 생겨서 좌절하게 된다..

# VIII

# 힘 Strength

**정방향**

용기 있는, 돌파하는, 인내하는, 도덕적인, 자신감이 있는, 집중력이 있는, 난관을 극복하는, 강한 힘이 있는, 충분히 성과를 얻어내는, 목표를 향해 돌진하는

**역방향** 

소심한, 도를 넘어서는, 집착하는, 본능에 사로잡힌, 물질에 집착하는, 욕망적인, 자신감이 부족한, 집중력이 부족한, 어려움에 좌절하는, 독재적인, 목표가 너무 높은, 마음이 나약한, 무기력한, 유혹에 굴복하는

### 직업 적성

동물조련사, 운동선수, 감독, 코치, 트레이너, 교육자, 보육사, 간병인, 의사(수의사 · 치과의사) , 간호사, 미용업

### 성격 특성

- **장점** : 외유내강의, 당당한, 관대한, 인정 많은, 친절한, 다정한, 부드러운, 베푸는, 용서하는, 포용적인, 용기가 있는, 의미가 있는
- **단점** : 무모한, 독재적인, 지배적인, 성질이 급한, 집착하는, 자기 주장이 강한

### 건강 및 질환

치과 질환, 턱관절 질환, 심장 질환, 정신과 질환, 뇌 질환, 순환기 질환

### 건 강 운

수술해야 한다. 치료하면 치유된다.

### 재 물 운

현재 하는 일에 충실해야 한다. 새로운 업종으로 변경하는 경우에는 치밀한 계획 아래 움직여야 탈이 없다.

### 애 정 운

일방적 사랑, 권위적 사랑, 집착적 사랑. 현재 사귀는 상대를 놓치지 마라. 결혼은 조금만 뒤로 미루는 것이 좋다.

### 학업운 · 시험운 · 합격운

시험운이 매우 좋으므로 고시나 일류대를 제외하면 모두 가능하다.

### 직장운 · 승진운 · 당선운

부정한 일만 하지 않으면 당선을 기대해도 좋다. 또한 가까운 사람에게 조언을 구하면
이룰 수 있다.

### 매매운 · 이사운 · 여행운 · 변화변동

어느 정도 지금 상황에 맞는 곳으로 이사할 수 있다. 매매 또한 어느 정도 이익을 얻을
수 있다.

**Q** 어머니의 건강이 좋지 않은데 완쾌될 수 있을까?

**정방향** _ 매우 힘들고 난관을 극복해야 하지만 회복될 것이다.

**역방향** _ 쉽게 치료되기 어렵다. 스스로 건강 회복을 위해 노력해야 하고 주위에서도 적
극적으로 보살펴야 한다.

**Q** 유기견을 집에 데려와 키우려고 하는데 잘 키울 수 있을까?

**정방향** _ 용기도 있고 사랑도 있는 당신은 유기견을 훌륭하게 돌볼 수 있을 것이다.

**역방향** _ 마음이 앞서고 욕심이 크지만 유기견을 키우는 데는 어려움이 따를 것이다.

**Q** 부모님께서 이번 달에 스마트폰을 사주실까?

**정방향** _ 쉽게 사주시지는 않지만, 결국에는 못 이긴 척 사주실 것이다.

**역방향** _ 역방향은 뜻대로 안 된다는 암시다. 아마도 스마트폰을 사주시지 않을 것
이다.

# 은둔자 The Hermit

**Key word**

**정방향**

정신적인 스승, 자유로운, 지혜로운, 성숙한, 노력하는, 분별력이 있는, 혼자 있기를 좋아하는, 고독한, 혼자가 편한, 비밀을 유지하는, 세상사에 초월한, 자제력이 있는, 조언자, 상담가

**역방향** **Key word**

스승의 자격이 없는, 상대의 마음을 몰라주는, 우울한, 비참한, 분별력이 부족한, 지혜롭지 못한, 융통성이 부족한, 경박한, 경솔한, 배신당한, 거절당한, 세속적인 능력이 부족한

### 직업 적성

종교인, 수도승, 수행자, 철학자, 카운슬러, 연구직, 학자, 교수, 교육자, 의사, 한의사, 정신과의사, 기공사, 사주상담가, 역학자, 타로마스터, 천문학자

### 성격 특성

- **장점** : 침묵하는, 고독을 즐기는, 정신적인, 가르침을 주고 싶어하는, 감정을 억제하는, 자기 관리를 잘하는, 심사숙고하는, 신중한
- **단점** : 고집이 센, 혼자 지내는, 고독한, 사람과 사귀지 못하는, 외로운, 침묵하는, 표현하지 못하는, 감정을 억제하는

### 건강 및 질환

이비인후과(청각) 질환, 안과 질환, 건망증, 치매를 비롯한 노화 질환, 관절염, 신경정신과 질환

### 건 강 운

모르는 병이 있다. 자연적으로 치료된다. 마음의 병이다. 꾸준한 관리가 필요하다. 만성 질환이 있다.

### 재 물 운

재물운이 부족한데다 재물에 욕심이 없고 자유로운 영혼의 소유자여서 재물을 모으기 어렵다.

### 애 정 운

순수한 사랑, 고독한 사랑, 짝사랑, 사랑하지 못하는 사랑, 사랑할 사람이 없는 사랑. 연인을 새로 만나기도 어렵고 짝사랑도 이루지 못한다. 하지만 결혼을 약속한 사람은 화촉을 밝히는 기쁨이 있다.

실력대로 응시하면 가능하지만 욕심을 부리면 실패한다.



새롭게 시작하는 일은 쉽게 성사되지 않으므로 변화를 삼가는 것이 좋다.



분위기에 들떠 함부로 문서 거래를 하면 손해를 본다. 매매는 다음 기회로 미루는 것이 좋다.

**Q** 제품을 납품한 업체에서 대금을 받아야 한다.
문제 없이 받을 수 있을까?

**정방향** _ 납품업체가 부도나서 도피하거나 대금을 빼돌리거나 또는 회사에 자금이 전혀 없어 대금을 받기 힘들 것이다.

**역방향** _ 역방향에는 배신당하는, 거절당하는 의미가 있다. 약속한 날짜에 대금을 받기 힘들 것이다.

**Q** 한 달이 넘게 심한 기침이 계속되는데 큰 병일까봐 병원에 가기가 두렵다.
건강이 괜찮을까?

**정방향** _ 그동안 몰랐던 병이 있지만 다행스럽게 극복할 수 있을 것이다.

**역방향** _ 숨겨진 병이 있다. 빨리 병원에 가서 진단을 받고 치료하는 것이 좋다.

**Q** 타로 카페를 개업하려고 하는데 가능할까?

**정방향** _ 타로점을 치는 능력은 있지만, 사업가적 기질이 아니다.

**역방향** _ 개업할 돈도 없고, 있어도 개업 과정에서 좌절감만 느끼게 된다.

# 운명의 수레바퀴 Wheel of Fortune

**Key word**

**정방향**

반복되는, 순조로운, 뜻밖의 행운, 여유 있는, 운명적인, 운명적인 성공·만남·행운, 좋은 상황으로의 변화, 문제의 결론에 다다른, 주변 환경에 따라 변화 가능성이 큰

**역방향** **Key word**

반복되는, 산만한, 변화와 실패가 있는, 기회를 놓친, 집중력이 부족한, 운명적인 실패·이별·불행, 시기가 적절하지 않은, 모순된 일, 예상하지 못했던 상황

### 직업 적성

가업을 잇는 일, 기계공학, 생명공학, 안경학, 자동차공학, 의학, 안과, 생물학, 미생물학, 천문학, 지리학, 동물학, 수의학, 투자가, 엔터테인먼트 사업, 운송업, 영화 · 영상 분야

### 성격 특성

- **장점** : 성실한, 꾸준한, 만족하는, 완벽한, 여유로운, 반복하는, 영원한, 만나는
- **단점** : 불안정한, 변화가 없는, 발전이 없는, 일이 꼬이는, 늘 어긋나는

### 건강 및 질환

순환기 질환(당뇨 · 고혈압), 심장과 혈관 등의 성인 질환, 안과 질환, 만성 질환

### 건 강 운

질병이 평생 따라다니는, 만성 질환인, 완치되지 않는, 반복되는 증세인

### 재 물 운

일을 크게 확장하면 재물을 잃을 수 있다. 꾸준하게 노력하고 현재의 일을 계속 하면 큰 재물과 금전을 얻는다.

### 애 정 운

운명적인 만남의 사랑, 기약 없는 사랑, 이루어질 수 없는 안타까운 사랑, 반복된 사랑 등이며, 주변 카드의 상황에 따라 다르게 해석해야 한다.

### 학업운 · 시험운 · 합격운

욕심이 지나치면 실패하므로 한 단계 낮추어 응시한다. 또한 국가직은 불리하지만, 지방직이나 일반직은 매우 유리하다. 기존에 공부하던 대로 꾸준히 해야 한다.

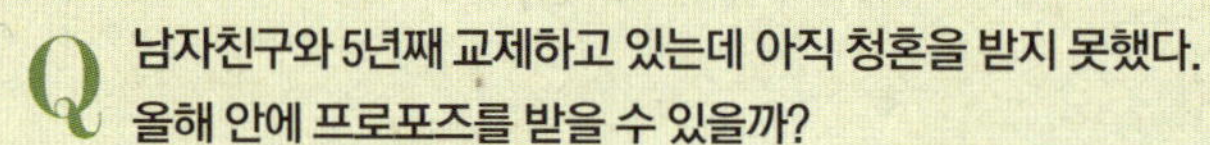

**직장운 · 승진운 · 당선운**

직장인의 경우 승진은 어렵지만, 다른 부서로 이동은 가능하다.

**매매운 · 이사운 · 여행운 · 변화변동**

일에 막힘이 있으므로 큰 이익은 없지만 큰 손해 역시 보지 않는다. 이사나 변동이 있을 경우에는 이 점을 감수하면 된다.

**Q** 남자친구와 5년째 교제하고 있는데 아직 청혼을 받지 못했다. 올해 안에 프로포즈를 받을 수 있을까?

**정방향** _ 5년 동안 했던 방식대로 프로포즈는 하지 않고 만남을 이어갈 것이다.

**역방향** _ 역방향이 산만한, 운명적인 실패를 암시하므로 프로포즈를 받기 힘들다. 질문자가 먼저 적극적으로 프로포즈를 하고, 반응이 없으면 남자친구와 계속 사귈지를 심사숙고해야 한다.

**Q** 한 달 동안 좋은 일들이 계속 생기고 있는데 앞으로도 운이 계속 좋을까?

**정방향** _ 행운이 반복될 것이다. 기분 좋은 일들을 잘 활용하면 된다.

**역방향** _ 과거 한 달 동안의 행운은 사라지고 어려운 일들이 다가올 것이니 조심해야 한다.

**Q** 친척 어른이 총선에 출마할 예정인데 당선될 수 있을까?

**정방향** _ 지금까지 운이 좋았다면 당선되고, 운이 나빴다면 낙선한다.

**역방향** _ 어려움이 반복되므로 낙선할 것이다.

# 정의 Justice

**Key word** **정방향**

균형 잡힌, 공정한, 중립적인, 상식적인 행동, 노력한 만큼의 성과, 정당한 보상, 정직한, 성실한, 일과 사랑을 동시에 진행하는, 돈과 사람을 동시에 얻는

**역방향** **Key word**

고지식한, 동일하지 않은, 이익을 포기하는, 시간과 노력을 들이지 않는, 정직하지 않은, 불성실한, 일과 사랑 모두에 불만족인, 돈과 사람을 동시에 얻기 어려운, 편견이 심한, 고집불통인, 옹졸한

## 직업 적성

법조인(판사 · 검사 · 변호사), 세무사, 회계사, 은행원, 경리, 중개인, 애널리스트, 감정사, 화학공학, 기계공학, 컴퓨터공학, 전자, 정보, 통신, 임상심리, 임상병리, 의사, 한의사, 간호사

## 성격 특성

- **장점** : 완벽한, 정직한, 공명정대한, 빈틈없는, 권위가 있는, 균형 잡힌, 성실한, 책임을 지는, 올바른, 정확하게 판단하는
- **단점** : 고집이 센, 깐깐한, 꼬장꼬장한, 고집불통인, 이기적인, 편협한, 분쟁이나 소송에 휘말리는

## 건강 및 질환

스트레스성 위장 질환, 과민성 대장 질환, 안과(백내장 · 녹내장 · 눈병), 당뇨, 고혈압, 폐, 기관지

## 건 강 운

수술해야 한다. 회복될 수 있지만, 자기 절제가 필수인 질병이다.

## 재 물 운

옛것을 버리고 과감하게 새것을 따르면 반드시 좋은 일이 생긴다. 단계적이고 계획적으로 꼼꼼하게 밀고 나가면 재물이 생긴다.

## 애 정 운

신중한 사랑, 계산적인 사랑, 조화로운 사랑, 단계적 사랑. 진실한 마음으로 구애하면 이루어지므로 시도해보라. 과정은 힘들겠지만 사귀던 연인과 결혼하게 된다.

### 학업운 · 시험운 · 합격운

평소 실력을 최대한 발휘하면 중상위권 대학과 회사에는 무난하게 합격할 수 있으므로 도전해도 좋다.

### 직장운 · 승진운 · 당선운

현재 직장을 소중하게 여기고 함부로 옮기지 않는 것이 이후에 도움이 될 것이다.

### 매매운 · 이사운 · 여행운 · 변화변동

매매나 이사 등의 변화변동 때문에 이익이 생기지만, 시간적으로 여유를 갖거나 조금만 더 생각하면 더 큰 이익이 생긴다.

**Q** 오늘 계약을 앞두고 있는데 무사히 성사될까?

**정방향** _ 공정하고 서로 균형이 잡힌 계약이 성사될 것이다.

**역방향** _ 서로 자기 주장만 내세우면서 불성실하게 협상에 임하여 당신이 원하는 계약은 성사되지 않을 것이다.

**Q** 금융 계열의 회사에 입사하려고 하는데 나와 잘 맞을까?

**정방향** _ 정의 카드는 숫자, 원칙, 계획, 기계 등과 어울리는 카드이므로 금융 계열의 직업이 잘 어울릴 것이다.

**역방향** _ 마음은 있지만 노력이 부족하다. 불성실한 태도 때문에 불합격되거나 입사해도 견디기 어려울 것이다.

**Q** 오늘 면접을 보러 올 사람의 성격은 어떠한가?

**정방향** _ 꼼꼼하고 계획적이며, 빈틈이 없는 성격이다.

**역방향** _ 고지식하고 불성실하며, 고집불통인 성격이다.

# 매달린 사람 The Hanged Man

**정방향**

자기 희생과 헌신, 신중한, 결정을 미루는, 억압된 상황, 세상을 뒤집어보는, 상식을 깬, 고생을 즐기는, 미래를 예견하는, 중대한 변화 시기, 무관심한, 둔감한

**역방향**

쓸데없는 희생과 헌신, 노력하지 않는, 계획성이 부족한, 강요된 희생, 노력한 만큼 소득이 없는, 머리만 굴리는, 불평불만이 가득한, 독자적으로 행동하는, 자아에 몰입해 있는, 배신당하는

### 직업 적성

자동차 정비, 스턴트맨, 산악인, 공군, 비행사, 건설업, 사회봉사가, 의료인, 심리학자, 발명가, 정신과 전문의, 혁명가

### 성격 특성

- **장점** : 신중한, 헌신적인, 자기 희생이 있는, 평온한, 겸손한
- **단점** : 우유부단한, 망설이는, 결정을 하지 못하는, 늘 고민하는, 쉽게 포기하는, 단 념하는, 고통을 못 느끼는, 게으른, 사이코패스적인, 머리만 굴리는, 노력하지 않 는, 손해만 보는

### 건강 및 질환

다리, 하체, 발작, 정신과 질환, 중독성 질환(약물·알코올 등), 관절염, 신장·방광· 자궁 질환, 머리, 두통, 발열

### 건 강 운

위험해질 가능성이 크므로 조심해야 한다. 모르는 병이 있다.

### 재 물 운

새 일을 시작하거나 확장하면 반드시 금전 손실이 따른다. 자제하고 현재의 일에 충실 해야 한다.

### 애 정 운

기다리는 사랑, 인내하는 사랑, 헌신적인 사랑, 희생적인 사랑, 위태로운 사랑, 수동적 인 사랑, 종속적인 사랑. 마음을 확실하게 정하지 않고 계속 만나면 결과가 좋지 않다. 모호한 감정은 분란을 만든다.

### 학업운 · 시험운 · 합격운

약간의 막힘이 있으므로 여러 곳에 응시하여 어렵게 한 군데 정도에 합격한다.

### 직장운 · 승진운 · 당선운

욕심대로 일을 벌이면 힘과 돈 모두 소비하고 뒤늦게 후회한다. 능력에 맞게 일해야
이익이 있다.

### 매매운 · 이사운 · 여행운 · 변화변동

한순간의 실수로 오랫동안 고생하기 쉬우니 함부로 변화변동을 꾀하거나 계약하면
안 된다.

**Q** 실수로 택시에 휴대폰을 놓고 내렸는데 찾을 수 있을까?

**정방향** _ 당신이 휴대폰을 찾으려는 의지도 부족하고, 택시기사 역시 찾아주려는 의지
가 없어서 찾기 힘들다.

**역방향** _ 자신이 노력한 만큼 소득을 얻지 못하는 카드이므로 잃어버린 휴대폰을 찾기
어려워 보인다.

**Q** 현재 남자친구와 결혼할 계획인데 지금 다니는 직장을 그만두라고 한다.
어떻게 해야 할까?

**정방향** _ 직장을 그만두면 자기 희생과 헌신이 따르므로 신중하게 결정해야 한다.

**역방향** _ 직장을 그만두면 희생과 헌신의 삶을 살게 되고 불평불만이 가득한 날들이
될 것이다.

**Q** 올해 대선에서 내가 원하는 사람이 당선될까?

**정방향** _ 안타깝지만 원하는 사람이 당선되기는 어렵다.

**역방향** _ 어려운 상황이라서 당선되기 어렵다.

# 죽음 Death

**Key word** **정방향**

새로운 변화, 커다란 변화, 전환점
이 되는 사건, 인연을 끝맺는, 결말
을 짓는, 파괴된, 예기치 못한 변화
가 있는

**역방향** **Key word**

과거에 집착하는, 인연을 유지하는, 천천
히 변화하는, 변화를 두려워하는, 변화를
거부하는, 아무 변화가 없는, 생각이 없는

### 직업 적성

경찰, 군인, 장의사, 장례업, 풍수지리사, 종교인(신부 · 수녀 · 스님 · 목사 · 전도사), 퇴마사, 외과의사, 마취과의사, 건강 관련 직업

### 성격 특성

- **장점** : 겸손한, 새로운 변화를 추구하는
- **단점** : 우울한, 부정적인, 주저앉는, 자포자기하는, 생각이 없는, 망연자실하는, 무기력한

### 건강 및 질환

암, 불치병, 대형 사고, 큰 수술

### 건 강 운

수술이 어렵다. 장기를 절개해야 한다. 중환자이다. 하지만 주변 카드가 좋으면 수술 후 완치된다.

### 재 물 운

재물 관리를 잘하지 않으면 손실이 크다. 하던 일을 수습하거나 정리해야 한다.

### 애 정 운

정리된 사랑, 헤어진 사랑, 냉정한 사랑, 서툰 사랑, 생사이별한 사랑. 새로운 연인을 만나기 어렵고, 연인이나 부부는 서로 다툴 일이 생겨 오랜 냉각기를 가지게 될 운이다.

### 학업운 · 시험운 · 합격운

시험은 불리하다. 노력한 성과가 없어 허탈감에 빠진다. 다음 기회를 노리는 것이 유리하다.

**직장운 · 승진운 · 당선운**

당선은 아직 때가 아니므로 기다리는 것이 현명하다. 헛된 욕심을 부리다가는 오히려 퇴보하게 된다.

**매매운 · 이사운 · 여행운 · 변화변동**

성급하고 즉흥적으로 이사나 매매를 진행하면 전혀 이익이 없다. 신중하게 진행해야 한다.

**Q** 아들이 밤을 새며 컴퓨터 게임을 하는데 어떻게 해야 할까?

**정방향** _ 부모와의 단절이나 소통 부족으로 컴퓨터 게임에 집착하고 있다. 적극적으로 대화와 소통을 시도하지 않으면 게임 중독에서 벗어나기 어려워질 것이다.

**역방향** _ 정방향과 마찬가지로 아들이 어릴 적 부모와 소통이 부족하여 분리불안장애를 가지게 되었고, 그 때문에 컴퓨터 게임에 집착하고 있고 변화를 두려워한다. 부모가 더 적극적으로 아들과 소통하려고 노력해야 한다.

**Q** 학과 선배가 정말 마음에 드는데 적극적으로 마음을 표현해야 할까?

**정방향** _ 당신이 선배에게 마음을 이야기하는 순간 두 사람의 관계는 매우 서먹해질 것이다.

**역방향** _ 당신의 감정이 거절당하는 아픔이 있을 것이다.

**Q** 남편이 폭력을 휘두른다. 어떻게 해야 할까?

**정방향** _ 결혼생활을 이만 끝내야 할 것이다.

**역방향** _ 당분간은 인연을 유지하겠지만, 신중히 생각하여 결혼생활을 끝내야 할 것이다.

# XIV

# 절제 Temperance

**Key word** **정방향**
협력이 어울리는, 융통성이 있는, 질서에 순응하는, 상대방의 의견을 존중하는, 조정 능력이 있는, 에너지가 충만한, 올바른 교류, 꼼꼼한, 저축하는

**역방향** **Key word**
무절제한, 불행한, 성급한, 독단적인, 불안한, 조정 능력이 없는, 에너지를 소모하는, 올바르지 못한 교류, 대비책이 없고 욕심이 과한, 소통하지 못하는, 충돌하는

## 직업 적성

펀드매니저, 외환딜러, 자산관리사, 보험업, 무역업, 통신업, 승무원, 해운업, 텔레마케터, 중개업, 커플매니저, 결혼상담소, 화학공학, 발명가

## 성격 특성

- **장점** : 인내하는, 조화로운, 원활한, 원만한, 욕심을 절제하는, 자제하는, 자신을 통제하는, 꾸준한, 겸손한, 소통하는, 교류하는
- **단점** : 자존감이 없는, 욕심이 없는, 감추는

## 건강 및 질환

순환기 질환, 심장 질환, 신장 · 방광 · 자궁 질환, 수족냉증, 저혈압, 두통

## 건 강 운

서서히 회복된다. 수술이 잘 되었다. 편안해지고 안정을 되찾는다.

## 재 물 운

주변과 충분히 소통하면 도움을 얻고 재물이 들어온다. 큰 재물은 욕심을 부리기 어렵지만, 꾸준한 재물은 얻을 수 있다.

## 애 정 운

꾸준한 사랑, 마음을 주고받는 사랑, 교류하는 사랑, 포용하는 사랑, 소통하는 사랑, 이심전심의 사랑. 오랜 사귄 사람이 인연이므로 한눈을 팔면 안 된다. 자신의 실수로 오해를 사서 헤어질 수 있으니 서로 존중하고 아껴야 한다. 안정적인 관계로 삶이 꾸준히 발전해 나간다.

### 학업운 · 시험운 · 합격운

한 단계 낮추어 하위직이나 일반직에 응시하면 합격이 가능하다. 열심히 노력하고 진심을 다하면 좋은 결과를 얻는다.

### 직장운 · 승진운 · 당선운

마음을 비우고 욕심을 버리고 현재 위치를 지켜야 한다.

### 매매운 · 이사운 · 여행운 · 변화변동

손해를 보지 않을 정도로 적당하게 매매가 이루어질 것이다. 따라서 너무 많은 기대를 하지 않는 것이 좋다.

**Q 연예인 지망생인데 연예인으로 성공할 수 있을까?**

**정방향** _ 자기를 충분히 절제할 줄 알고 에너지가 넘치는 사람이므로 연예인으로 성공할 수 있겠다.

**역방향** _ 아직은 성급하다. 더 많은 연습과 노력을 한 후에 도전하는 것이 좋겠다.

**Q 어머니와 아내가 고부 갈등이 심한데 어떻게 해야 할까?**

**정방향** _ 어느 한쪽에 치우치지 말고 양쪽 의견을 존중해가며 조정하면 충분히 극복할 수 있을 것이다.

**역방향** _ 성급하게 서두르다가 오히려 싸움만 키우는 상황이 될 것이다. 신중하게 대처해야 한다.

**Q 여자친구와 사소한 문제로 다툼이 심한데 어떻게 해야 할까?**

**정방향** _ 둘 다 감정을 절제하고 상대의 의견을 존중해야 한다.

**역방향** _ 상대를 배려하는 마음이 부족하다. 당분간 만나지 말고 냉전 상태를 유지하는 것이 도움이 될 것이다.

# XV

# 악마 The Devil

**정방향**

음란한, 음탕한, 빚이 많은, 집착하는, 자신감이 없는, 비밀스러운, 의무적인, 두려운 경험, 속박당한, 지배당한, 외부 영향력이 큰, 자폐적인

**역방향**

벗어남, 풀려남, 숨통이 트임, 욕망에서 벗어난, 구속에서 벗어난, 빚에서 벗어난, 큰 고비를 넘긴, 회복되는, 새로운 계획이 필요한, 나쁜 습관에서 벗어난, 해결된

### 직업 적성

직장인, 군인, 경찰, 교도관, 유흥업, 카지노딜러, 도박사, 사채업, 경마, 영업, 마술사, 서커스, 사교업, 서비스업

### 성격 특성

- **장점** : 천재적인, 타인의 의견을 존중하는, 순종하는, 주어진 상황에 최선을 다하는, 안정적인
- **단점** : 숨기는 것이 있는, 강박적인, 부정적인, 비굴한, 악의적인, 무례한, 욕심이 많은, 성욕이 지나친, 집착적인, 편집증적인, 의처증(의부증)이 있는, 중독된, 유혹에 쉽게 넘어가는, 폭력적인, 압박이 심한, 자기 본위적인

### 건강 및 질환

중독, 종양, 신경쇠약, 정서불안, 빙의, 불면증, 강박증, 히스테리, 신경정신과 질환, 전신마비, 폐쇄공포증

### 건 강 운

큰 수술을 해야 한다. 회복되기 어렵다. 중환자실에 입원한다.

### 재 물 운

자금난에 허덕이고, 손재수나 구설수마저 있어서 어려움이 끝날 줄 모른다.

### 애 정 운

탐욕적인 사랑, 바람둥이 사랑, 집착적인 사랑, 성도착적인 사랑, 질투하는 사랑, 불륜의 사랑. 실연당할 가능성이 크며, 새로 만난 배우자를 빼앗길 우려가 있다. 부부관계는 위험한 지경에 이른다.

### 학업운 · 시험운 · 합격운

합격이 어려우므로 다음에 도전하라. 성취될 수 없는 일만 바라기 때문에 원하는 일이 이루어질 리가 없다.

### 직장운 · 승진운 · 당선운

당선되려면 많은 노력이 필요하다. 아무리 열심히 노력해도 이치에 맞지 않으므로 소원이 이루어지지 않는다.

### 매매운 · 이사운 · 여행운 · 변화변동

새로운 곳으로 이사하지 마라. 욕심 때문에 망신만 당한다. 매매 또한 현재 상태를 지키는 것이 상책이다.

**Q** 직장상사가 자꾸 전화와 문자를 하면서 접근한다. 이 상황이 답답하고 직장상사가 정말 싫지만 직장을 그만두고 싶지는 않다. 어떻게 해야 할까?

**정방향** _ 직장상사가 매우 음란하고 음흉하게 당신에게 집착하고 있다. 적극적으로 거부 의사를 표현해야 한다.

**역방향** _ 직장상사의 전화와 문자에 연락하지 말고 적극적으로 의사를 표현해야만 그 사람의 스토커 비슷한 행동에서 벗어날 수 있을 것이다.

**Q** 사업을 새로 시작하려 하는데 잘되겠는가?

**정방향** _ 자신의 뜻대로 되지 않는다. 주변 환경이 원하는 대로 따라주지 않는다. 예를 들어, 자금을 지원해준다고 했던 부모님이나 주변 사람들에게 문제가 생기거나 임대하기로 한 건물에 말썽이 생기는 등 어려움을 겪는다.

**역방향** _ 어렵고 힘든 상황에서 벗어나고 큰 고비를 넘기게 되어 힘들게나마 사업을 시작하게 될 것이다.

# 탑 The Tower

**정방향**
갑작스러운 이별, 갑작스러운 변화, 중대한 위기, 안정감을 상실한, 폭발하는, 긴박한 상황, 신념이 파괴된, 결심이 무너진, 뜻밖의 사건이 일어난, 관계가 단절된

**역방향** 
의기소침한, 위기가 계속되는, 오랜 상처가 있는, 압박이 계속되는, 틀에 박힌, 변화가 불가능한, 불행에서 벗어나지 못하는

## 직업 적성

건설업, 부동산업, 건축업, 재건축사업, 장례업, 자동차 정비업, 소방공무원, 게임산업, 군사과학, 우주항공, 스턴트, 성형외과

## 성격 특성

- **장점** : 새로운 시작, 새로운 만남, 신속한 변화변동
- **단점** : 신뢰할 수 없는, 부정적인, 좌절하는, 고뇌하는, 두려워하는, 루머에 시달리는, 걱정이 많은, 폭발적인, 스스로를 학대하는, 급격한 좌절, 이별하는, 배신을 느끼는

## 건강 및 질환

암, 악성 종양, 불치병, 급성 질환, 교통사고, 낙상, 외과 수술, 혈관 질환

## 건 강 운

갑자기 쓰러진다. 갑작스러운 사건으로 다친다. 병원에 실려 간다.

## 재 물 운

욕심을 부리거나 향락에 빠져들면 커다란 경제적 손실이 생긴다.

## 애 정 운

고통이 있는 사랑, 헤어지는 사랑, 혼란스런 사랑, 사건에 휘말리는 사랑. 벌과 나비가 찾아들지 않으므로 홀로 외로이 지내는 형상이다. 부부와 애인이 모두 떨어져 있는 기간이 많아 오랫동안 쓸쓸하다.

## 학업운 · 시험운 · 합격운

실력대로 응시해야 한다. 운이 매우 저조하므로 일반직이나 하위직이라고 해도 많은 노력이 필요하다.

승진, 당선은 포기해라. 당신에게는 맞지 않다.



현재의 위치에서 옮기는 것은 불리하다. 매매 또한 손해를 감수해야 성사된다.

**Q** 수능 시험을 치르는데 평소 실력보다 성적이 잘 나올 수 있을까?

**정방향** _ 자신의 평소 실력보다 좋지 않은 성적이 나올 것이다.

**역방향** _ 정방향과 마찬가지로 부담감이 커서 자신의 실력을 제대로 발휘하기 힘들다. 좀더 마음을 편안하게 가지고 대범하게 생각할 필요가 있다.

**Q** 오늘 저녁에 친구가 소개팅을 주선했는데 잘되겠는가?

**정방향** _ 본인의 기대는 무너질 것이다. 기대했던 이성이 아니어서 급히 만남을 끝내게 된다.

**역방향** _ 소개팅을 한 후 상대방 때문에 마음의 상처를 받게 될 것이다.

**Q** 요즘 전세난이 점점 심각해지는데 원하는 방을 구할 수 있을까?

**정방향** _ 본인이 원하는 방은 구하기 힘들겠다. 대책을 세워야 하겠다.

**역방향** _ 어려운 상태이다. 웬만한 노력으로는 방을 구하기 힘들므로 방법을 찾아야 한다.

# 별 The Star

**Key word 정방향**

긍정적인, 희망적인, 소득이 큰, 순수한, 낙천적인, 통솔력이 있는, 인기가 있는, 즐거움이 큰, 사랑하는, 신뢰할 수 있는

**역방향 Key word**

부정적인, 허례허식하는, 치장하는, 복잡한, 실현되지 않은 계획인, 기회를 놓치는, 불완전하고 불균형한, 불만족스러운, 염세적인

### 직업 적성

연예인(가수 · 탤런트 · 영화배우 · 연극배우), 예술가(화가 · 조각가 · 사진작가 · 무용가 · 음악가), 의상디자이너, 헤어디자이너, 보석디자이너, 조경사, 창작 관련 직업, 방송인, 정치인, 선출직 공무원

### 성격 특성

- **장점** : 희망에 찬, 긍정적인, 자신감이 있는, 신념이 있는, 창의력이 뛰어난, 아이디어가 반짝이는, 대담한
- **단점** : 환상에서 사로잡힌, 너무 믿는, 이상에 치중하는, 겉모습에 사로잡힌

### 건강 및 질환

산부인과 질환, 비뇨기 질환, 간 질환, 만성 피로, 관절, 신체 불구, 신경정신과 질환

### 건 강 운

치료한 효과가 있다. 회복 가능성이 크다. 정상으로 돌아온다.

### 재 물 운

재물과 수입이 많고, 투기나 유흥이 아닌 순수하게 인정으로 쓴 돈은 반드시 더 많은 소득으로 돌아온다.

### 애 정 운

이상적인 사랑, 헌신적인 사랑, 화려한 사랑, 매혹적인 사랑. 주위의 도움으로 서먹했던 연인과 화해하여 즐거운 시간을 가진다. 오랜 연인과는 결혼한다.

### 학업운 · 시험운 · 합격운

시험에 응시하여 바라는 곳에 모두 합격하는 좋은 운수이다.

### 직장운 · 승진운 · 당선운

많은 경쟁자들을 물리치고 승진하거나 원하는 부서에 배치된다.

### 매매운 · 이사운 · 여행운 · 변화변동

이사는 확장을 해서 옮겨가고, 매매 역시 쉽게 성사된다.

**Q** 남편이 사업을 하는데 생활비를 제 때에 주지 않는다.
무슨 일이 있는가?

**정방향** _ 함부로 소비하지 않으므로 걱정하지 않아도 된다. 남편이 부동산에 투자하거나 저축을 하고 있다.

**역방향** _ 남편의 씀씀이가 크다. 친구나 선후배 등을 만날 때마다 생각 없이 먼저 술값을 계산한다든지, 주식이나 경매 등에 투자하여 손실을 보고 있을 수 있다.

**Q** 한국이 월드컵 8강전에서 독일과 맞붙게 되는데 승리할 수 있겠는가?

**정방향** _ 긍정적이고 희망적이다. 승리할 것이다.

**역방향** _ 한국이 독일에 승리하는 것은 실현되기 어렵다. 불균형한 경기력과 실력차 때문에 불만족스러운 결과를 가져오게 된다.

**Q** 학교 기숙사 신청을 했는데 입실할 수 있을까?

**정방향** _ 기숙사에 들어가는 기쁜 소식이 들려올 것이다.

**역방향** _ 역방향은 부정적인 의미를 암시하므로 기숙사에 들어가지 못할 것이다.

# XVIII

# 달 The Moon

**Key word**



사기를 치는, 사기를 당하는, 배신하는, 이중적인, 야만적인, 질투하는, 삼각관계, 숨겨진, 비관하는, 신경과민, 진지함이 요구되는, 잘못된, 악의적인 소문, 불안한, 근심 걱정이 많은

**역방향 Key word**

숨겨진 것이 드러남, 긍정적으로 변함, 큰 손해를 막는, 상황이 더 악화되지 않는, 우려할 만한 상황은 아닌, 비관에서 벗어난, 시간이 해결해주는, 걱정하지 말아야 하는, 모험하지 말아야 하는, 사소한 실수, 유혹에서 벗어난, 위험을 미리 알아챈

### 직업 적성

심리학자, 카운슬러, 점성가, 최면술사, 명상가, 역학자, 정신과의사, 천문학자, 동물학자, 수의사, 사우나, 목욕탕, 요식업, 건축업, 문화재 사업, 골동품상, 수사관

### 성격 특성

- **장점** : 감각이 발달한, 감수성이 발달한, 생각이 깊은, 섬세한
- **단점** : 거짓말을 잘하는, 믿지 못하는, 두려워하는, 생각이 흐트러진, 산만한, 질투하는, 불안해하는, 과민한

### 건강 및 질환

정신과 질환, 우울증, 조울증, 히스테리, 알레르기, 음독, 무기력증, 건망증, 편두통, 자폐증

### 건 강 운

회복되기 어렵다. 장기간 치료해야 한다. 밝혀지지 않은 질병, 스트레스가 원인인 건강 악화를 조심해야 한다.

### 재 물 운

완벽하게 계획하여 일을 새로 시작하면 이익이 따르지만, 주위 사람들의 말에 현혹되어 무리하게 시작하면 문서로 인한 구설수나 다툼이 발생한다.

### 애 정 운

이중적인 사랑, 욕망적인 사랑, 불륜의 사랑, 음흉한 사랑, 상사병 사랑, 일방적 사랑. 짝이 있는데도 새로운 인연을 만나거나 탐욕적인 사랑을 하거나 구설수만 따른다.

### 학업운 · 시험운 · 합격운

공부에 소홀했기 때문에 남보다 더 노력해야만 하위권 대학이나 일반직에 합격한다.

### 직장운 · 승진운 · 당선운

주위에 도와주는 사람이 전혀 없으므로 모든 일을 혼자서 책임져야 한다.

### 매매운 · 이사운 · 여행운 · 변화변동

어렵게 이사와 매매가 성사되어도 한순간의 실수 때문에 구설수에 휘말리게 된다.

**Q** 남자친구가 요즘 전화를 잘 안 받고 문자를 보내면
답장이 늦게 오는 등 연락이 두절되는 경우가 많은데 무슨 이유일까?

**정방향 _** 삼각관계를 유지하고 있거나 양다리를 걸치고 있거나 사기를 치는 등 이중적
인 사람이다. 조심해야 한다.

**역방향 _** 남자친구에게 숨겨진 비밀이 있고, 가까운 시일 내에 그 비밀이 드러날 것이
다. 마음의 준비를 해두어야 할 것이다.

**Q** 딸이 말수가 없어지고 자기 방에서 잘 나오지 않는다. 무슨 일일까?

**정방향 _** 근심 걱정이 많은 상태이거나 정신적인 문제가 있다. 학교에서 왕따를 당하고
있거나 어릴 적 부모와 헤어졌던 충격으로 문제가 생겨 신경정신과 치료를 받
아야 할 수도 있다.

**역방향 _** 대화를 나누다보면 숨겨진 무엇인가가 있을 것이다. 빨리 해결해주어야 한다.

**Q** 부모님이 등록금 때문에 힘들어하신다. 어떻게 될까?

**정방향 _** 등록금 마련에 어려움이 클 것이다.

**역방향 _** 어려운 상황에서 힘들게 등록금이 마련될 것이다.

# 태양 The Sun

**정방향**
생명력이 넘치는, 열정적인, 희망이
보이는, 만족스러운, 물질적인 행복,
우호적인 관계, 성취하는, 관계가
좋은, 행복한 만남

**역방향**
기운이 없는, 절망적인, 시들어가는, 부족
한, 물질적인 손해가 있는, 미루어지는, 불
행한, 고독한, 계획이 취소된

### 직업 적성

아동심리학자, 유아교육, 유치원, 유아원, 소아과 의사, 고아원, 아동 교육사업, 아동복, 유아용품, 운동선수, 경마선수, 스포츠 관련, 증권업, 출판업, 카피라이터

### 성격 특성

- **장점** : 긍정적인, 여유가 있는, 행복해하는, 에너지가 넘치는, 의욕이 넘치는, 만족해하는, 낙천적인, 생기발랄한, 창의적인
- **단점** : 과도한 확장, 무모한, 아무 생각이 없는

### 건강 및 질환

낙상, 심장 질환, 호흡기 질환, 일사병, 화상

### 건 강 운

바로 치유된다. 아무 이상이 없다.

### 재 물 운

움직이면 이익이 따르는 운이다. 노력만 하면 재물은 저절로 들어오므로 적극적으로 재물을 찾아 나서라.

### 애 정 운

친구 같은 사랑, 순수한 사랑, 신중한 사랑, 이심전심인 사랑. 좋은 인연을 만나 즐거운 시간을 보낸다. 오래 사귄 연인은 결혼의 기쁨이 가득하다.

### 학업운 · 시험운 · 합격운

취직은 본인의 기대 이상으로 잘된다. 또는 주위의 도움으로 어렵지 않게 해결된다.

## 직장운 · 승진운 · 당선운

당선되어 이름을 떨친다. 맡은 일을 열심히 하면 소원을 모두 이룰 수 있다.

## 매매운 · 이사운 · 여행운 · 변화변동

천천히 하면 조금은 손해를 보고, 빠르게 하면 손해는 없을 것이다.

**원 카드 리딩**

**Q** 취업 문제로 고민하고 있다. 원하는 회사에 취업할 수 있을까?

**정방향** _ 우수한 성적으로 원하는 회사에 취직할 수 있겠다.

**역방향** _ 자신이 원하는 회사에 취업하기는 쉽지 않다. 조금 더 실력을 쌓아야 할 것이다.

**Q** 이번 학기 성적 발표가 있는데 평점 A가 나올까?

**정방향** _ 수강한 과목 모두가 평점 A 이상이 나올 것이다.

**역방향** _ 역방향 카드의 키워드가 부정적이므로 원하는 성적을 얻기는 힘들다.

**Q** 같은 학과 선배에게 마음이 끌리는데 이 선배는 여학생들에게 인기가 많다.
어떻게 해야 할까?

**정방향** _ 당신은 활기차고 열정적인 태도를 가지고 있다. 적극적으로 자신의 감정을
표현하면 좋은 결과가 있을 것이다.

**역방향** _ 그 선배는 여학생들에게 인기가 많아서 당신에게 관심이 없다. 마음을 정리
하는 것이 좋겠다.

# 심판 Judgement

**Key word** **정방향**

새롭게 시작하는, 희망을 가지는, 변화가 있는, 상황이 좋아지는, 유리하게 전개되는, 회복되는, 만나게 되는, 솔직하고 진솔하면 되는, 좋은 소식을 듣는, 역전하는, 합격, 성취

**역방향** **Key word**

머뭇거리는, 부정적인 변화가 있는, 상황이 나빠지는, 불리하게 전개되는, 재기불능이 되는, 헤어지게 되는, 다시 시작해도 실수나 어려움이 반복되는, 나쁜 소식을 듣는, 좌절하는, 불합격

### 직업 적성

첨단 산업, 생명공학, 발명가, 예술, 연예, 방송, 음반 제작, 공연, 이벤트, 아나운서, 성우, 장례업, 풍수지리사, 의학, 종교인, 고고학자, 역사학자, 언론인, 의료 단체

### 성격 특성

- **장점** : 노력하는, 결단을 내리는, 발전하는, 결과에 만족하는, 변화하는, 꿈을 가지고 있는
- **단점** : 결과에 의존하는, 성과에 집착하는

### 건강 및 질환

호흡기, 폐, 심장, 디스크, 관절, 두통, 신경정신과 질환(우울증 · 조울증 · 자폐증)

### 건 강 운

수술이 잘될 것이다. 건강을 회복한다.

### 재 물 운

강력한 리더십만 있다면 재산이 불어나고 부동산을 늘린다.

### 애 정 운

순수한 사랑, 첫사랑, 다시 만난 사랑, 기다림 끝에 만난 사랑, 지고지순한 사랑. 오랜 사귄 사람과 다투고 심각해진 연인들이 사소한 계기로 다시 사랑을 되찾는다. 서로 사랑하는 연인은 결혼까지 발전할 가능성이 있다.

### 학업운 · 시험운 · 합격운

실력을 과신하지 않으면 쉽게 합격한다.

### 직장운 · 승진운 · 당선운

직장인은 상사의 도움으로 승진한다.

### 매매운 · 이사운 · 여행운 · 변화변동

마음을 조급하게 먹지 말고 잠깐만 기다리면 변화가 다가온다.

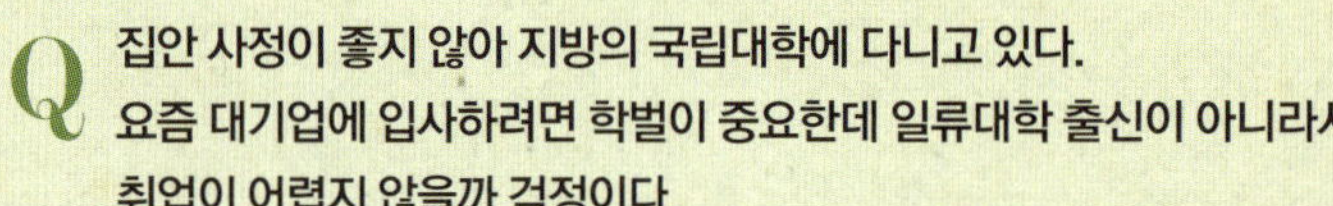


**Q** 집안 사정이 좋지 않아 지방의 국립대학에 다니고 있다.
요즘 대기업에 입사하려면 학벌이 중요한데 일류대학 출신이 아니라서
취업이 어렵지 않을까 걱정이다.

**정방향** _ 희망을 가져라. 새롭게 시작하는 기쁨이 있으므로 취직이 이루어진다.

**역방향** _ 현재 다니고 있는 대학이 부정적이고 상황이 나쁘다. 더욱 분발하여 적극적으
로 공부해서 편입 등의 방법을 찾아야 할 것이다.

**Q** 남편이 교통사고로 중환자실에 입원했는데 순조롭게 회복될까?

**정방향** _ 심판 카드는 부활의 의미를 가지고 있으므로 수술이 잘되어 완쾌될 것이다.

**역방향** _ 상황이 악화되어 생명까지도 위험해질 수 있다.

**Q** 요사이 잠이 오지 않아서 뒤척이거나 꿈을 자꾸 꾸고 신경이 예민해져 있다.
스트레스도 심한데 어떻게 해야 할까?

**정방향** _ 마음 속에 담아둔 생각, 두려움 등을 모두 버려라. 새롭게 시작한다는 마음,
다시 시작한다는 마음가짐을 가지면 자연스럽게 편안해질 것이다.

**역방향** _ 고통이나 스트레스가 계속될 것이다. 규칙적인 운동을 하고, 병원을 찾아가
서 진단받고 치료해야 할 것이다.

# XXI

# 세계 The World

**정방향**

행복한, 희망이 가득 찬, 완성된, 성공한, 해외의, 세계의, 역마가 있는, 활동해야 하는, 지혜로운, 용기 있는, 긍정적인 결과가 있는, 균형 있는 성취

**역방향**

불행한, 미완성, 실패한, 국내의, 정적인, 도중하차하는, 슬럼프에 빠지는, 좌절하는, 결과가 부정적인, 사업 부진

### 직업 적성

외교관, 무역업, 통역관, 비행사, 스튜어디스, 항해사, 이민 관련업, 스타일리스트, 장식업, 패션업, 외국계 회사, 국제기구, 동시통역, 홍보회사

### 성격 특성

- **장점** : 완벽한, 능력 있는, 완성하는, 긍정적인, 희망적인, 끝마무리를 하는, 정확한
- **단점** : 일을 벌이는, 떠돌아다니는, 역마가 있는, 안착하지 못하는

### 건강 및 질환

산부인과 질환, 비뇨기 질환, 순환기 질환, 혈관 질환

### 건 강 운

회복된다. 건강하다. 완치된다.

### 재 물 운

관재수나 손재수가 있던 사람도 모두 해결된다. 좋은 운이므로 바라던 일들이 뜻대로 되고 거듭 경사가 생긴다.

### 애 정 운

행복한 사랑, 완성된 사랑, 매력적인 사랑, 영적인 사랑, 매혹적인 사랑. 청춘남녀에게 가장 좋은 운으로 평생의 짝과 결혼한다. 연인이 없던 사람은 연인이 생긴다.

### 학업운 · 시험운 · 합격운

남보다 노력하지 않아도 충분히 실력을 발휘하게 되므로 원래 생각보다 높여서 지원해도 충분히 승산이 있다.

마음을 비우고 욕심을 버리면 주위 사람들이 본인의 의지와는 상관 없이 도와주므로 현재 위치보다 한 단계 더 높은 곳으로 올라가게 된다.

**매매운 · 이사운 · 여행운 · 변화변동**

변화와 변동의 욕구가 큰 시기이므로 새로운 일을 시작하거나 이사하기에 매우 적합하다.

**Q** 어학연수를 떠나고 싶은데 갈 수 있을까?

**정방향** _ 세계 카드는 역마 카드이므로 해외 어학연수가 충분히 가능하다.

**역방향** _ 어학연수를 가기에 어려움이 많다. 적극적인 노력과 주변의 도움이 필요하다.

**Q** 남자친구가 다툴 때마다 헤어지자고 하는데 진짜 헤어지게 될까?

**정방향** _ 사랑은 싸우면서 커간다는 말이 있듯이 지금의 다툼이 더욱 큰 사랑의 결실로 이어질 것이다.

**역방향** _ 좌절과 불행의 결말을 암시하므로 헤어지게 될 것이다. 마음의 준비를 하는 것이 좋겠다.

**Q** 딸이 사춘기가 되면서 반항적으로 변했다. 특히 아빠와의 갈등이 심해지는데 엄마가 중간에서 매우 힘들다. 어떻게 대처해야 하는가?

**정방향** _ 기회를 만들어서 서로 마음을 열고 대화를 나누면서 딸과 소통해 나가면 예전처럼 좋은 관계를 회복할 수 있을 것이다.

**역방향** _ 서로 갈등의 골이 깊어 쉽게 회복되기 어렵다. 시간을 가지고 천천히 대화를 시도해야 할 것이다.

**1. 다음 중 바보 카드 정방향의 키워드에 해당하지 않는 것은?**

① 자유로운  　② 모험적인  　③ 생각이 부족한
④ 어리석은  　⑤ 계획적인



**2. 다음 중 바보 카드의 직업 적성에 해당하지 않는 것은?**

① 컴퓨터  　② 외교관  　③ 무역업
④ 관광업  　⑤ 비행사



**3. 다음 중 여사제 카드 정방향의 키워드에 해당하지 않는 것은?**

① 정신적  　② 생산력이 있는  　③ 완벽한
④ 신비로운  　⑤ 지혜로운



**4. 다음 중 황제 카드의 건강 관련 설명으로 옳지 않은 것은?**

① 고혈압  　② 조울증  　③ 중독성 질환
④ 중풍  　⑤ 당뇨



**5. 다음 중 연인 카드 역방향의 키워드에 해당하지 않는 것은?**

① 어울리지 않는  　② 불륜  　③ 방해를 받는
④ 사랑스러운  　⑤ 손실이 있는



**6. 다음 중 전차 카드의 애정 관련 설명으로 옳지 않은 것은?**

① 조용한 사랑  　② 적극적인 사랑  　③ 집착하는 사랑
④ 표현하는 사랑  　⑤ 모험적인 사랑



**7. 다음 중 힘 카드의 단점에 해당하지 않는 것은?**

① 무모한  　② 자기 주장이 강한  　③ 혼자 지내는
④ 지배하는  　⑤ 집착하는

**8. 다음 중 은둔자 카드의 직업 적성과 관계 없는 것은?**

① 도사　　　　② 상담가　　　　③ 의사
④ 역학자　　　⑤ 사업가



**9. 다음 중 운명의 수레바퀴 카드에 대한 설명으로 옳지 않은 것은?**

① 직업 적성은 문학, 예술 분야이다
② 어떤 상황이 반복적으로 일어난다
③ 건강은 순환기 질환 등과 관련된다
④ 재물은 꾸준히 노력해야만 금전운이 있다
⑤ 운명적으로 만나서 사랑하게 된다



**10. 다음 중 정의 카드에 대한 설명으로 옳지 않은 것은?**

① 키워드는 균형, 공정, 중립, 정직 등과 관련된다
② 직업 적성은 법조인, 의사 등이 어울린다
③ 유산이나 주식으로 큰돈을 벌 수 있다
④ 성격은 깐깐하고 고집이 세다
⑤ 역방향일 때는 불성실한, 불만족스러운 등으로 해석할 수 있다.

**11. 다음 중 매달린 사람 카드에 대한 설명으로 옳지 않은 것은?**

① 다리 관절이나 머리 쪽의 건강문제를 조심해야 한다
② 직업 적성은 자동차 정비, 산악인, 스턴트맨 등이 어울린다
③ 사업은 위험하므로 시작하지 않는 것이 좋다
④ 성격은 매우 열정적이고 활동적이다
⑤ 건강은 자신도 모르는 문제가 있을 수 있으므로 검진이 필요하다



정답　1⑤, 2①, 3②, 4③, 5④, 6①, 7③, 8⑤, 9①, 10③, 11④

# 공포의 계단
The People Under The Stairs, 1991

이 영화의 감독은 〈나이트메어 시리즈〉를 통해 영화사상 가장 인기 있는 공포 캐릭터 '프레디 크루거'를 탄생시킨 B급 호러무비(horror movie)의 거장 웨스 크레이븐이다.

이 영화는 긴장감은 있지만 크게 무섭지 않아서 평소 공포영화를 싫어하는 사람도 즐길 수 있다. 브랜던 퀸틴 애덤스가 빈민가에 사는 흑인소년 포인덱스터를 연기한다.

포인덱스터는 별명이 '바보(Fool)'이지만 실제로는 영리한 소년이다. 그는 암으로 투병 중인 어머니와 임신한 누나와 함께 살고 있다. 어느 날 누나가 타로카드로 점을 쳐주는데 아홉 개의 검과 지팡이 카드, 심판 카드, 죽음 카드, 악마 카드에 이어 마지막으로 바보 카드가 나온다.

발을 조금만 잘못 디디면 금세 절벽 아래로 떨어질 것 같은 어릿광대(바보), 그리고 그를 뒤따르며 절벽으로 가지 말라고 짖는 영혼의 친구인 개.

누나는 이 카드를 보고 동생에게 앞으로 전진하지 말고 뒤돌아서 태양 불길 속을 뚫고 가야 한다고 말한다. 불길에 타버릴까 걱정하는 동생에게 누나는 소년의 모습만 타고 어른이 되어서 나오며, 더 이상 어릿광대(바보)가 아니라고 설명해준다.

한편 이들 가족은 며칠째 집세를 내지 못해 쫓겨날 위기에 처하고, 포인덱스터는 누나의 남자친구인 리로이와 함께 금화가 가득하다는 건물주의 집을 털기로 계획한다.

　　그러나 포인덱스터는 가스점검원으로 위장한 리로이와 함께 몰래 침입한 그 집 계단에서 지하실에 갇힌 소년들의 비명소리를 듣게 된다. 그들은 집주인인 정신이상자 남매에게 입양되었으나, '악인은 보지도 듣지도 말하지도 말라' 는 명령을 어겼다는 이유로 양부모에게 혀나 팔, 다리가 절단된 채 지하실에 갇혀 암흑의 세계에서 사육되고 있었다.

　　공포심에 휩싸인 포인덱스터와 리로이는 탈출을 시도하지만 곧 사태를 눈치챈 집주인에게 리로이는 죽임을 당하고, 위기에 처한 포인덱스터는 역시 집주인이 데려와 가두어놓은 앨리스와 바퀴벌레의 도움을 받아서 집 밖으로 탈출한다. 이 와중에 바퀴벌레는 집주인이 쏜 총에 맞아 죽음을 맞는다.

　　온갖 어려움 끝에 탈출한 포인덱스터는 마을 사람들에게 진실을 알리고, 숨겨져 있던 금은보화를 찾아내 모든 사람들에게 나누어 준다. 그리고 정신이상인 양부모에게 학대받던 앨리스를 구출해낸다.

　　타로카드 중에서 바보 카드의 주인공은 비록 순진하고 아무 것도 모르지만 희망과 자신감이 가득하고, 충직한 동반자인 개의 도움을 받으며 힘든 여행을 무사히 마친다. 이처럼 포인덱스터도 위험한 모험을 떠났다가 친구인 바퀴벌레와 앨리스의 도움을 받아 무사히 집에 돌아올 수 있었으니 서로 닮은 모습이 아닐까.

타로카드는 태어나서 죽을 때까지 사람이 인생을 살아가면서 겪는 다양한 이야기를 담고 있다. 메이저 카드가 그 이야기의 굵직굵직한 사건들을 보여준다면, 마이너 카드는 그 이야기의 구체적인 상황들을 설명해준다. 마이너 카드는 지팡이 · 컵 · 검 · 동전의 네 가지 슈트(suit)로 구성되며, 각각의 슈트는 에이스(Ace, 1)부터 10까지의 숫자 카드와 왕(King) · 여왕(Queen) · 기사(Knight) · 소년(Page)으로 구성된 코트(Court) 카드 또는 인물 카드로 이루어진다. 숫자 카드를 핍(pip) 카드라고도 한다. 슈트가 4가지이고 슈트마다 14개 카드가 있으므로 총 카드의 수는 56장이다.

# 마이너 카드의 해석

# 네 가지 슈트 분석

| 슈트 | 4요소 | 동양의 오행 | 방향 | 키워드 | 성격 |
|---|---|---|---|---|---|
| 지팡이(Wands) | 불 | 목(木)+화(火) | 남쪽 | 직관, 창조, 모험 | 활동적, 적극적, 창조적 |
| 컵(Cups) | 물 | 수(水)+목(木) | 서쪽 | 감성, 정서, 생각 | 사색적, 섬세함, 관용적 |
| 검(Swords) | 공기(바람) | 금(金)+수(水) | 동쪽 | 논리, 지성, 행동 | 이성적, 논리적, 지성적 |
| 동전(Pentacles) | 흙(땅) | 토(土)+금(金) | 북쪽 | 물질, 현실, 기술 | 현실적, 타협적, 단계적 |

# 코트(Court) 카드 분석

| | |
|---|---|
| 왕(King) | 성숙한 지배자, 자신감 있는 지도자, 성공한 리더십, 책임감, 집행하는, 위풍당당한, 현실, 실용, 실질, 모험, 권위, 남성적 |
| 여왕(Queen) | 포용적인 지배자, 친근한 지도자, 신뢰의 리더십, 책임감, 수용하는, 사랑하는, 현실, 실용, 실질, 권위, 여성적 |
| 기사(Knight) | 활동성 강한, 배짱 있는, 모험하는, 추진력 있는, 적극적인, 행동하는, 목표, 실천, 이상, 탐구, 결실 |
| 소년(Page) | 유연한, 순수한, 순진한, 집중력이 있는, 학생, 젊은, 발달, 천진, 생동감 |

# 숫자 카드 분석

| | |
|---|---|
| 에이스(Ace) | 창조적인 힘과 잠재력, 새로운 시작 |
| 2 | 아직 완성되지 않은 창조적인 힘, 대립, 힘의 균형 |
| 3 | 성장과 확장, 첫무대가 완성됨, 협력의 결실 |
| 4 | 안정성, 현실, 논리, 이성, 인간의 마음·육체·영혼·물질적인 면의 형성 |
| 5 | 슬픔과 상실, 역경, 불확실성 |
| 6 | 평형, 조화, 균형, 하늘의 정신과 땅·육체의 균형 |
| 7 | 어떤 단계의 완성, 지혜, 순환 주기의 완료 |
| 8 | 재생, 대립하는 힘의 균형 |
| 9 | 완성(10) 이전의 기초를 형성, 다른 숫자들의 힘을 합친 것 |
| 10 | 완벽함. 컵과 동전은 행복과 기쁨의 최고 단계, 검과 지팡이는 심판과 시련 |

# 마이너 카드
## MINOR CARD

타로카드는 태어나서 죽을 때까지 사람이 인생을 살아가면서 겪는 다양한 이야기를 담고 있다. 메이저 카드가 그 이야기의 굵직굵직한 사건들을 보여준다면, 마이너 카드는 그 이야기의 구체적인 상황들을 설명해준다. 마이너 카드는 지팡이 · 컵 · 검 · 동전의 네 가지 슈트(suit)로 구성되며, 각각의 슈트는 에이스(Ace, 1)부터 10까지의 숫자 카드와 왕(King) · 여왕(Queen) · 기사(Knight) · 소년(Page)으로 구성된 코트(Court) 카드 또는 인물 카드로 이루어진다. 숫자 카드를 핍(pip) 카드라고도 한다. 슈트가 4가지이고 슈트마다 14개 카드가 있으므로 총 카드의 수는 56장이다.

마이너 카드의 슈트인 지팡이 · 컵 · 검 · 동전은 서양에서 우주 만물을 구성하는 요소이자 연금술의 4요소로 각각 불 · 물 · 공기 · 흙을 의미하며, 사람의 성격과 기질을 상징한다. 예로부터 동양에서는 우주 만물을 구성하는 다섯 가지 기운[氣]을 오행이라고 불렀는데, 슈트와 오행은 점술과 운명학의 관점에서 유사한 점이 많다. 오행이 바로 사주명리학의 중요한 요소인 목화토금수(木火土金水), 즉 나무[木] · 불[火] · 흙[土] · 쇠[金] · 물[水]을 상징하고, 사람의 성격과 기질을 비롯하여 인생의 다양한 관심사들을 설명하기 때문이다.

지팡이(Wands)는 불[火]을 상징하며, 인간이 가지고 있는 직관, 창조, 열정, 모험심, 상상, 에너지 등을 의미한다. 동양의 오행으로 화(火)와 목(木)의 성향과 비슷하다.

컵(Cups)은 물[水]을 상징하며, 인간이 가지고 있는 감정, 관계, 사랑, 감각, 명예 등을 의미한다. 동양의 오행으로 수(水)와 목(木)의 성향과 비슷하다.

검(Swords)은 공기[風] 또는 바람을 상징하며, 인간이 가지고 있는 사고, 지혜, 논리, 지성, 판단, 투쟁, 분석 등을 의미한다. 동양의 오행으로 금(金)과 수(水)의 성향과 비슷하다.

동전(Pentacles)은 땅[地]을 상징하며, 인간이 가지고 있는 물질, 현실, 재물, 기술, 재능, 재주, 예술, 창조 등을 의미한다. 동양의 오행으로 토(土)와 금(金)의 성향과 비슷하다.

# 지팡이 Wands

지팡이는 우주 만물의 구성 요소이면서 연금술의 4원소인 불, 물, 공기, 흙 중에서 불에 해당하며, 네 가지 상징 동물 중에서는 사자에 해당한다. 지팡이는 불의 이미지처럼 창조, 감각, 감수성, 성장, 발전, 에너지, 열정, 추진력 등의 의미를 가지고 있으며, 타로점 상담에서는 대체적으로 자신의 일과 관련된 질문에 자주 등장한다.

## 에이스 지팡이 Ace of Wands

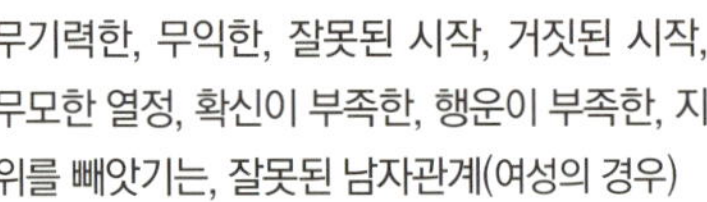

**정방향 키워드**

새롭고 열정적인 시작, 새롭고 열정적인 창조, 새로운 아이디어, 새로운 세계로의 도전, 창업, 개업, 새로운 프로젝트, 성공에 대한 열정, 창조적인 능력이 충만한, 결혼, 자식을 낳음, 새로운 사람을 만남

**역방향 키워드**

무기력한, 무익한, 잘못된 시작, 거짓된 시작, 무모한 열정, 확신이 부족한, 행운이 부족한, 지위를 빼앗기는, 잘못된 남자관계(여성의 경우)

**원 카드 리딩**

**Q** 이성친구와 여행을 떠나려고 하는데 괜찮을까?

**정방향**_이 여행이 두 사람의 결혼과 같은 새로운 시작을 가져올 것이다.

**역방향**_두 사람의 여행이 잘못된 시작, 잘못된 만남이 되어 어려움을 겪게 되므로 신중해야 한다.

## Ⅱ. 두 개의 지팡이 Two of Wands

### 🔑 정방향 키워드

커다란 야망, 창조적 능력, 성공의 확장, 야망의 실천, 둘 중 하나의 선택, 결정을 내리는 능력, 용기 있는 사람, 활동성이 큰, 역마가 강한

### 🔑 역방향 키워드

야망을 상실함, 야망의 좌절, 새로운 시작이 막힘, 능력 부족, 구속에서 벗어나기 어려움, 내면에 충실해야 하는

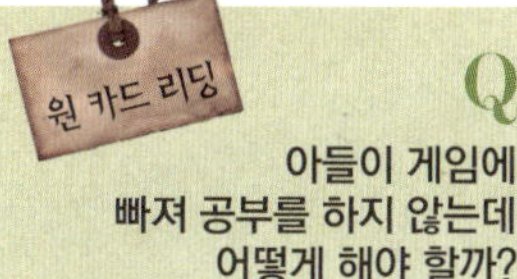

**원 카드 리딩**

**Q**
아들이 게임에 빠져 공부를 하지 않는데 어떻게 해야 할까?

**정방향**_크게 걱정하지 않아도 된다. 서로간에 대화가 중요하다. 오히려 이 일이 아들의 재능을 발견하는 계기가 될 수도 있다.
**역방향**_적극적으로 대처하여 게임 중독에서 벗어날 수 있게 도와주어야 한다. 아들이 무기력해지거나 자폐증으로 이어질 수도 있다.

## Ⅲ. 세 개의 지팡이 Three of Wands

### 🔑 정방향 키워드

역마, 무역이나 외교 등에서의 성공(또는 능력), 용기 있는 확장, 확대하는 사업, 프랜차이즈 체인 사업, 새로운 일을 꿈꾸는, 새로운 사람을 만나 꿈꾸는, 성공 후 새로운 시작

### 🔑 역방향 키워드

무리한 활동, 무리한 계획, 기반이 무너진, 노력에 비해 결과가 불만족스러운, 주변의 배신, 사업을 축소해야 하는, 의지하거나 도움을 받으려 하는, 정체된, 게으른

**원 카드 리딩**

**Q**
유학을 떠나려고 계획중인데 잘해낼 수 있을까?

**정방향**_새로운 변화, 특히 해외로의 움직임은 긍정적인 결과를 가져올 것이다.
**역방향**_준비가 없이 너무 서두르는 듯하다. 무리한 계획으로 유학이 실패하거나 해외에서 실익이 거의 없이 돌아오게 될 것이다.

## Ⅳ. 네 개의 지팡이 Four of Wands

### 🗝 정방향 키워드

성공한, 행복한, 풍성한, 일한 뒤의 축하와 감사, 화목한, 안정적인, 화합하는, 번영을 누리는, 만족스런 만남(출산 · 결혼 · 미팅 · 동업), 완성된

### 🗝 역방향 키워드

빛바랜 성공, 빛바랜 결실, 성취하지 못한 결실, 갈등하는, 다투는, 미완성인 결실, 미완성인 행복, 지나간 과거

**원 카드 리딩**

**Q**
초등학교 동창 모임에 나갔다가 첫사랑을 만났는데 그 사람과 사귀게 될까?

**정방향**_두 사람 모두 서로에게 사랑을 느끼고 있다. 행복하고 만족스러운 만남으로 이어질 것이다.
**역방향**_흘러간 과거의 추억일 뿐 지금 두 사람은 이루어지기 힘들다.

## Ⅴ. 다섯 개의 지팡이 Five of Wands

### 🗝 정방향 키워드

분열하는, 갈등하는, 격렬한 싸움, 경쟁자가 많음, 욕망이 큰, 어려운 상태가 지속됨, 적극적인, 정열적인, 치열한

### 🗝 역방향 키워드

경쟁자가 떨어져 나가는, 욕심이 적은, 소극적인, 사소한 갈등, 중요한 문제가 아닌, 힘든 상황이 아닌, 쉽게 해결되는

**원 카드 리딩**

**Q**
명문대학에 응시하려고 하는데 합격할 수 있을까?

**정방향**_경쟁이 매우 치열하다. 신중하고 꼼꼼하게 입시 전략을 세워야 할 것이다.
**역방향**_쉽지는 않겠지만 신중하게 선택한다면 무난하게 합격할 것이다.

## Ⅵ. 여섯 개의 지팡이 Six of Wands

**정방향 키워드**

성공하는, 성실한, 정복하는, 결실이 많은, 축하를 받고 있는, 함께 노력한 결실, 출산, 결혼, 당선, 취직, 주변에서 도와주는, 인기가 많은, 주도하는

**역방향 키워드**

배신하는, 음란한, 신의가 없는, 믿을 수 없는, 불안정한 성과, 불안정한 승리, 힘이 부족한, 비판을 받고 있는, 불성실한, 실패가 많은

**원 카드 리딩**

Q
결혼하고 5년이 지났는데 임신이 되지 않고 있다. 아이를 가질 수 있을까?

**정방향**_조급하게 생각하지 말고 마음을 편하게 먹으면 임신의 기쁨을 얻을 것이다.
**역방향**_원하는 결과를 얻기 힘들겠다. 좀더 기다려 보는 것이 좋다.

## Ⅶ. 일곱 개의 지팡이 Seven of Wands

**정방향 키워드**

방어를 해야 하는, 신념이 강한, 정신력이 강한, 어려운 상태, 힘든 성공, 맞서 싸우는 의지, 경쟁자가 많은, 마찰이 심한, 보이지 않는 경쟁자, 자신의 뜻을 관철하려는, 고집스럽고 융통성이 없는

**역방향 키워드**

방어가 역부족인, 배신당하는, 아랫사람이 공격하는, 의지가 약한, 낭패를 당하는

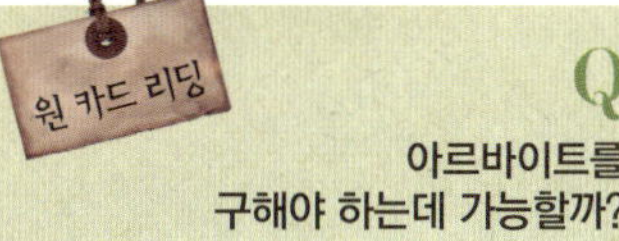

**원 카드 리딩**

Q
아르바이트를 구해야 하는데 가능할까?

**정방향**_쉽게 구해지지는 않겠지만 적극적으로 알아보면 자리가 나타날 것이다.
**역방향**_본인이 원하는 일은 구하기 어렵다. 공부에 전념하는 편이 낫다.

## VIII. 여덟 개의 지팡이 Eight of Wands

### 🔑 정방향 키워드

이동하는, 여행하는, 변화하는, 변동하는, 빠르게 진행하는, 신속한, 신속해야 하는, 서두르는, 서둘러야 하는, 결혼 전 임신, 급한 결혼, 서두르는 사업

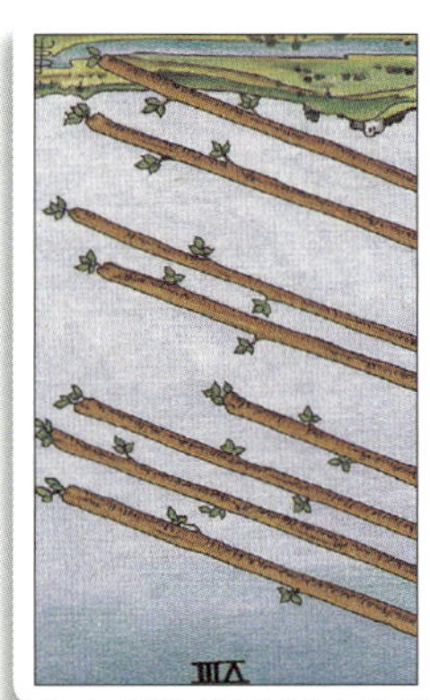

### 🔑 역방향 키워드

정체된, 침체된, 지연된, 변화가 없는, 서두르지 말아야 하는, 빨리 해서 문제가 생긴, 뜻하지 않은 임신, 사업 부도

원 카드 리딩

**Q**
친구와 다투었다.
화해할 수 있을까?

**정방향**_빠르게 예전 관계를 회복할 것이다. 적극적으로 화해를 시도하는 것이 좋다.

**역방향**_친구가 크게 상심했다. 자신을 낮추고 겸손한 태도로 적극적으로 오랜 시간 화해를 청해야 할 것이다.

## IX. 아홉 개의 지팡이 Nine of Wands

### 🔑 정방향 키워드

어려운 상황 뒤의 짧은 휴식, 결실이 사라질까 두려운, 싸움에 지친, 경쟁자를 두려워하는, 경쟁하는, 늘 방어하는, 의심하는

### 🔑 역방향 키워드

장애물이 있는, 역경이 심한, 체력이 고갈된, 경쟁자에게 압도당한, 극복하기 힘든, 장애를 이기기 힘든, 고통이 심해지는

원 카드 리딩

**Q**
사주 카페를
개업하고 싶은데
성공할 수 있을까?

**정방향**_금전 지출이 매우 클 것이고 어려운 상태를 벗어나기 힘들다. 금전과 마음의 상처뿐인 개업이 될 것이다.

**역방향**_성공하기 어렵다. 자신이 원하는 개업은 이루어지지 않는다.

## Ⅹ. 열 개의 지팡이 Ten of Wands

🔑 **정방향 키워드**

책임감이 강한, 능력을 뛰어넘는, 욕망이 과도한, 지나치게 확장하는, 무리하게 행동하는, 지나치게 서두르는

🔑 **역방향 키워드**

책임감에서 벗어난, 천천히 진행하는, 압박에서 벗어난, 욕망이 없는, 자제하는, 가능성이 있는

원 카드 리딩

**Q**
남자친구가 결혼을 자꾸 미루는데 무슨 이유일까?

**정방향**_새로운 가정을 꾸린다는 책임감에 억눌려 결혼을 두려워하고 있다.

**역방향**_당신에 대해 책임감이 없거나 마음이 떠나간 것 같다. 진지하게 이야기를 나누어볼 필요가 있다.

## 소년의 지팡이 Page of Wands

🔑 **정방향 키워드**

호기심이 가득한, 아이디어가 반짝이는, 사랑이 각별한, 지극한 정성, 순수하고 귀여운, 주변을 즐겁게 하는

🔑 **역방향 키워드**

아무 관심이 없는, 엉뚱한 생각, 사랑이 식어버린, 무관심한, 애늙은이 같은, 믿음을 저버리는

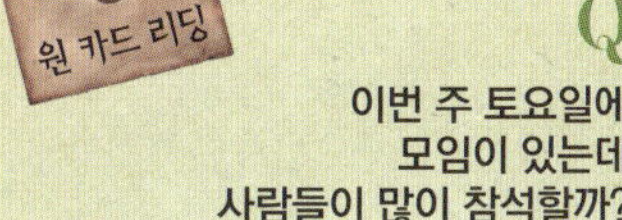
원 카드 리딩

**Q**
이번 주 토요일에 모임이 있는데 사람들이 많이 참석할까?

**정방향**_적은 인원이 참석하여 오붓하고 즐거운 시간을 가지게 될 것이다.

**역방향**_기대한 사람들이 모두 참석하지 못할 것이다. 자칫하면 모임이 취소될 수도 있다.

## 기사의 지팡이 Knight of Wands

### 🔑 정방향 키워드

에너지가 넘치는, 열정이 가득한, 일을 좋아하는, 새롭게 시작하는, 적극적으로 밀어붙이는, 활동 공간이 넓은, 행동하는

### 🔑 역방향 키워드

주변의 방해가 있는, 반대에 부딪치는, 흥미가 없는, 일이 틀어진, 사이가 나빠지는, 집착이 심한, 서두르는, 여행이 지연됨

**원 카드 리딩**

**Q**
중간고사 기간인데 할 일이 너무 많아 걱정이다. 시험을 잘 볼 수 있을까?

**정방향**_매사 열심히 하는 성격이므로 원하는 만큼 충분히 실력을 발휘할 수 있다.
**역방향**_시험에 집중하지 못하여 본인이 원하는 시험 성적은 기대하기 어렵다.

## 여왕의 지팡이 Queen of Wands

### 🔑 정방향 키워드

에너지가 넘치는, 실용성이 있는, 효율적인, 행동하는, 충성심이 있는, 믿음직스러운, 자기 관리가 철저한, 프로젝트의 성공, 권위적인, 의처증이나 의부증이 있는

### 🔑 역방향 키워드

변덕이 심한, 잡념이 많은, 쓸데없는 생각, 편견이 심한, 히스테리가 있는, 자기 뜻대로 밀고 가는, 공격적인

**원 카드 리딩**

**Q**
집을 사려고 하는데 돈이 조금 부족하다. 필요한 돈을 빌릴 수 있을까?

**정방향**_능력이 있고 자기 관리를 잘해와서 충분히 돈을 마련하고 집을 구할 수 있을 것이다.
**역방향**_돈을 빌리기로 한 곳에서 일이 틀어져 쉽게 돈을 구할 수 없어 마음의 고통이 심하겠다.

## 왕의 지팡이 King of Wands

### 정방향 키워드

자신감이 있는, 능력이 탁월한, 생활력이 강한, 적극적인, 열정적인, 믿음직스러운, 의처증이나 의부증이 있는, 권위적인, 독재적인, 횡포가 심한

### 역방향 키워드

지나치게 과장된, 지나치게 힘이 넘치는, 독선적인, 권위에 사로잡힌, 다른 사람을 이해하지 못하는

**원 카드 리딩**

**Q**

집에서 키우는 개가 요새 밥을 잘 먹지 않는데 건강에 이상이 있는 걸까?

**정방향**_걱정하지 않아도 되겠다. 예전 상태로 건강이 회복될 것이다.

**역방향**_개의 스트레스가 매우 심한 상태이다. 종합적인 건강 검진이 필요하다.

MEMO

# 컵 Cups

컵은 우주 만물의 구성 요소이면서 연금술의 4원소인 물, 불, 공기, 흙 중에서 물에 해당하며, 네 가지 상징 동물 중에서는 독수리에 해당한다. 컵은 물의 이미지처럼 감성, 생각, 지식, 잠재의식, 공상, 걱정, 예민함을 상징하며, 머리보다는 가슴으로 생각하는 타입이다.

## 에이스 컵 Ace of Cups

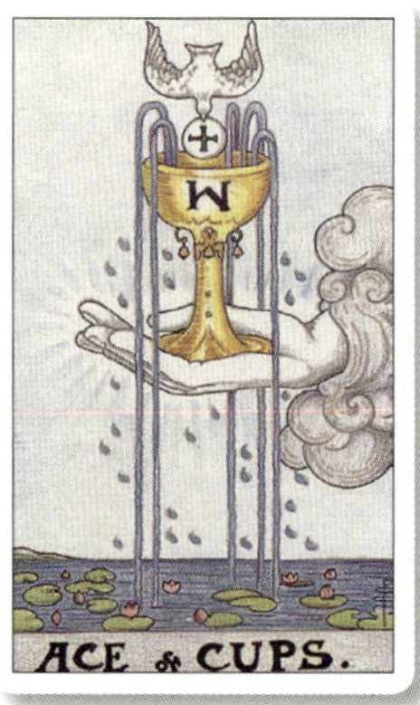

### 정방향 키워드

마음의 준비가 된, 사랑의 시작, 감성이 풍부한, 풍요로운, 배려하고 베푸는, 기쁨이 가득한

### 역방향 키워드

마음의 준비가 덜 된, 감정이 메마른, 기질이 불안정한, 거짓된 마음, 이기적인

**원 카드 리딩**

**Q** 방학 기간에 성형 수술을 하고 싶은데 결과가 괜찮을까?

**정방향**_수술이 성공적으로 되어서 본인 스스로도 만족스러울 것이다.

**역방향**_수술을 해도 원하는 결과를 얻기 어렵다. 다시 한번 생각하고 신중하게 결정하는 것이 좋다.

## Ⅱ. 두 개의 컵 Two of Cups

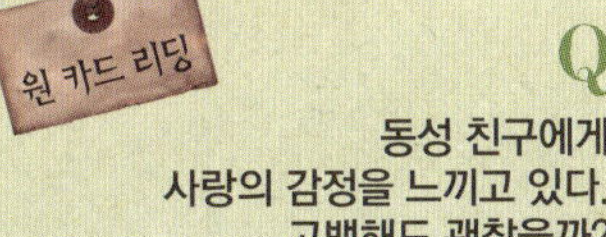

**정방향 키워드**

함께하는, 결합하는, 조화로운, 인연을 맺는, 결혼하는, 만나는, 사귀는, 손해를 보지 않는

**역방향 키워드**

헤어지는, 이별하는, 동업이 깨지는, 거짓된 만남, 은밀한 만남, 몰래 한 사랑

**원 카드 리딩**

**Q**
동성 친구에게 사랑의 감정을 느끼고 있다. 고백해도 괜찮을까?

**정방향**_동성애는 죄가 되지 않는다. 서로 잘 어울리고 함께하면 행복할 것이다.
**역방향**_지금 당장은 몰래 하는 사랑이 가슴 설레고 행복하겠지만 헤어지는 아픔을 겪을 수 있다.

## Ⅲ. 세 개의 컵 Three of Cups

**정방향 키워드**

축제를 하는, 기쁨을 나누는, 만족스러운 결과, 의사소통이 가능한, 다양한 인간관계, 인간관계가 좋은

**역방향 키워드**

욕심이 과도한, 즐거움에 몰입하는, 쾌락에 빠진, 사치가 심한, 음란한

**원 카드 리딩**

**Q**
방송작가를 꿈꾸고 있다. 방송 아카데미에 등록했는데 잘할 수 있을까?

**정방향**_방송 아카데미에 등록한 것은 잘한 일이며, 열심히 한 만큼 소득이 있을 것이다. 좋은 결과를 기대해도 되겠다.
**역방향**_욕심은 크고 마음은 급하지만, 공부에 열중하지 못한다. 놀면서 좋은 성과를 기대하기는 어렵다.

## Ⅳ. 네 개의 컵 Four of Cups

### 🔑 정방향 키워드

무관심한, 지루해하는, 욕망이 없는, 감정을 억누르는, 불만족스러운, 자기를 학대하는, 낙담한, 생각이 너무 많은

### 🔑 역방향 키워드

새로운 시작, 새로운 관계, 새로운 인연, 주변의 도움을 얻는, 모르는 사람에게 도움을 받는

원 카드 리딩

**Q** 공인중개사 시험을 보려고 하는데 합격할 수 있을까?

**정방향**_좋은 결과를 기대하기 어렵다. 적극적으로 열심히 공부해야 하는데 억지로 공부하고 있다.

**역방향**_새로운 시작을 상징하므로 합격이 가능할 것이다. 상황에 따라 공인중개사가 아닌 다른 일을 선택한다고 해석할 수도 있다.

## Ⅴ. 다섯 개의 컵 Five of Cups

### 🔑 정방향 키워드

실패에 집착하는, 옛 애인에 집착하는, 부분적인 실패, 불완전한 만남, 주변을 살펴야 하는, 부정적인, 후회, 실망

### 🔑 역방향 키워드

작은 희망이 있는, 재결합하는, 다시 시작하는, 회복된, 복구된, 화해하는

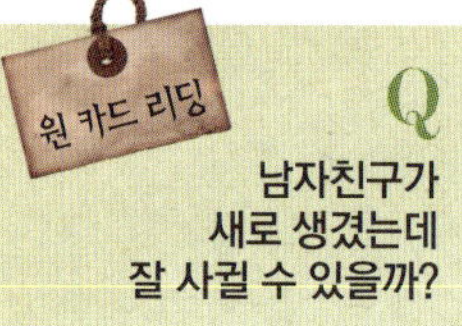

원 카드 리딩

**Q** 남자친구가 새로 생겼는데 잘 사귈 수 있을까?

**정방향**_새 남자친구를 만나면서도 옛 남자친구에 대한 미련이 매우 크다. 현재의 만남은 불안정한 만남이며, 위태위태한 상태가 계속될 것이다.

**역방향**_아픈 이별 후 이 사람을 만나면서 마음의 상처를 치유하게 된다. 그러나 주변 카드나 본인의 의도에 따라 옛 남자친구와 재결합할 수도 있다.

## VI. 여섯 개의 컵 Six of Cups

**🔑 정방향 키워드**

과거에 대한, 순수한, 동심이 있는, 기분 좋은, 고민이 없는, 재능이 있는

**🔑 역방향 키워드**

과거에 집착하는, 과거를 잊어야 하는, 새롭게 하는, 복구해야 하는, 철이 없는

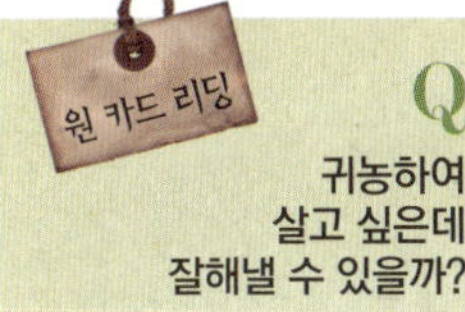

**Q**
**귀농하여 살고 싶은데 잘해낼 수 있을까?**

**정방향**_어릴 적 추억에 아무 생각 없이 귀농을 결심한 것 같다. 순조롭게 귀농을 하겠지만 귀농 후에 할 일에 대해 적극적으로 준비해야 할 것이다.
**역방향**_어릴 적 추억에 집착해서 무조건 뛰어들면 어려움이 따를 것이다. 신중하게 생각해야 한다.

## VII. 일곱 개의 컵 Seven of Cups

**🔑 정방향 키워드**

목표가 뚜렷하지 않은, 허황된 목표, 욕심이 많은, 환상에 사로잡힌, 잘못된 선택, 사치하는, 허례허식적인, 탐욕에 빠진

**🔑 역방향 키워드**

목표가 뚜렷한, 현명한 판단, 꿈에서 깬, 꿈을 현실화시키는, 올바른 선택인, 자기 관리가 철저한

**Q**
**선배가 벤처사업에 투자하면 큰 수익을 올릴 수 있다고 권하는데 투자해도 좋을까?**

**정방향**_허황된 사업의 환상에 사로잡혀 투자하면 매우 위험하다. 투자하지 않는 것이 좋다.
**역방향**_사업상 목표가 확실하고 아이디어가 실현 가능성이 높아서 좋은 결과로 이어질 것이다. 투자해도 좋을 듯하다.

## VIII. 여덟 개의 컵 Eight of Cups

🔑 **정방향 키워드**

노력한 후의 휴식, 성공 후의 새로운 출발, 성공을 포기하는, 은둔하는, 휴식하는, 물욕(욕망)이 없는

🔑 **역방향 키워드**

계속된 노력, 성공할 때까지 노력하는, 재기하여 성공한, 현실에서 활동하는, 적극적인

**원 카드 리딩**

**Q**
어머니가 중환자실에 입원하셨는데 건강이 회복될까?

**정방향**_다행스럽게도 어머니가 완쾌되어 중환자실에서 나올 수 있겠다.

**역방향**_조금은 오래 걸리겠지만 치료가 잘 되어 건강이 호전될 것이다.

## IX. 아홉 개의 컵 Nine of Cups

🔑 **정방향 키워드**

성공한, 만족스런 결과, 마음이 평화로운, 물질적인 성취, 자기 관리가 철저한, 풍요로운 상태

🔑 **역방향 키워드**

실패한, 불만족스런 결과, 마음이 혼란스러운, 물질에 집착하는, 신뢰하기 힘든, 피곤한 상태

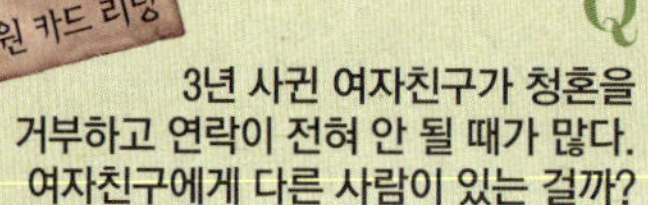

**원 카드 리딩**

**Q**
3년 사귄 여자친구가 청혼을 거부하고 연락이 전혀 안 될 때가 많다. 여자친구에게 다른 사람이 있는 걸까?

**정방향**_남자친구가 여러 명 있고 그들 모두를 놓치기 싫어한다. 많은 남자친구들을 모두 거느리고 싶어한다.

**역방향**_남자친구는 없지만 당신에 대한 신뢰가 부족하고 결혼에 대해 혼란스러워하므로 확신을 주어야 한다.

## X. 열 개의 컵 Ten of Cups

**정방향 키워드**

행복한 가정, 만족스런 결과, 기쁨이 가득한, 큰 성공, 평화가 가득한, 풍요로운, 가정에 사랑이 넘치는

**역방향 키워드**

행복한 가정을 유지해야 하는, 결과에 만족해야 하는, 기쁨을 유지해야 하는, 가정의 불화, 가정을 지켜야 하는

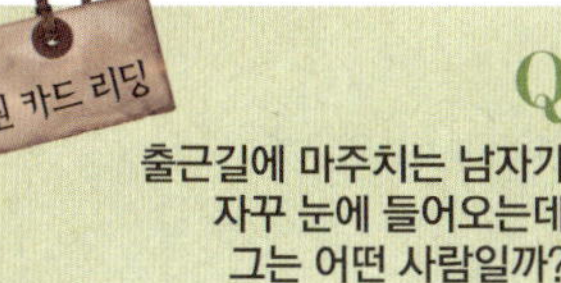

원 카드 리딩

**Q** 출근길에 마주치는 남자가 자꾸 눈에 들어오는데 그는 어떤 사람일까?

**정방향**_행복한 가정을 가지고 있는 유부남이다. 마음에 두지 않는 것이 좋을 것이다.

**역방향**_이미 결혼한 유부남으로 평범한 가정생활을 유지하고 있는 사람이다. 당신과 이루어지기는 힘들다.

## 소년의 컵 Page of Cups

**정방향 키워드**

호기심이 가득한, 모험을 하는, 순수한 사랑, 감성적인 사람, 학문에 몰두하는, 순수하고 친근한

**역방향 키워드**

창조력이 저하된, 산만한, 목표를 잃어버린, 집착하는, 혼란스런 감정, 일시적 방해가 있는, 의존하는

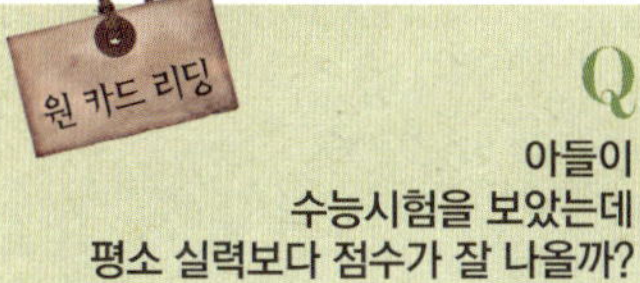

원 카드 리딩

**Q** 아들이 수능시험을 보았는데 평소 실력보다 점수가 잘 나올까?

**정방향**_모의고사보다 아주 우수하지는 않지만 점수가 좀더 높게 나와 좋은 결과가 있겠다.

**역방향**_안타깝게도 평소 모의고사 성적보다 못한 성적이 나오겠다.

## 기사의 컵 Knight of Cups

**정방향 키워드**

감성이 풍부한, 기회를 얻은, 꿈을 이룬, 성공한, 결실이 큰, 자기 주관이 있는

**역방향 키워드**

변덕이 심한, 자기 중심적인, 꿈에 사로잡혀 있는, 욕심이 있는, 질투가 심한, 집착적인

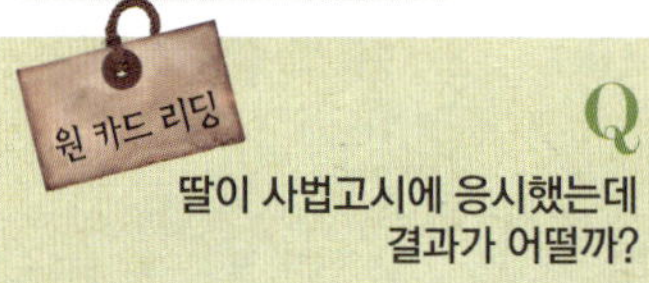

**원 카드 리딩**

딸이 사법고시에 응시했는데 결과가 어떨까?

**Q**

**정방향**_딸의 꿈이 드디어 이루어지겠다. 매우 우수한 성적으로 사법고시에 합격할 것이다.

**역방향**_노력 없이 시험에 응시했다. 더 많은 노력을 기울여야 할 것이다.

## 여왕의 컵 Queen of Cups

**정방향 키워드**

헌신적 사랑, 감성이 풍부한, 깊은 감정, 풍요로운 애정, 사랑을 베푸는, 차분한

**역방향 키워드**

집착적인 사랑, 과잉보호, 집요한, 변덕스러운, 거짓 행동을 하는

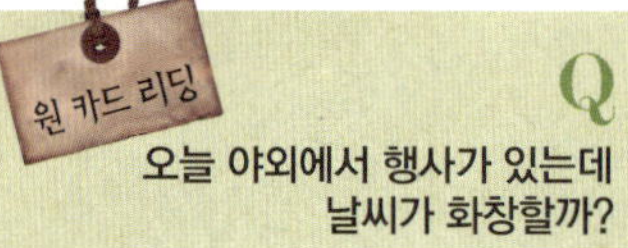

**원 카드 리딩**

오늘 야외에서 행사가 있는데 날씨가 화창할까?

**Q**

**정방향**_날씨가 맑고 화창하여 야외행사가 원활하게 이루어지겠다.

**역방향**_변덕스러운 날씨 때문에 야외 행사에 어려움이 생길 수 있다.

## 왕의 컵 King of Cups

**정방향 키워드**

감성이 풍부한, 인자한, 의지할 수 있는, 부드러운 카리스마, 중후한 배려심, 권위 있는

**역방향 키워드**

신경이 과민한, 감정에 휘둘리는, 집착하는, 학대하는, 주색잡기를 좋아하는, 탐욕스러운

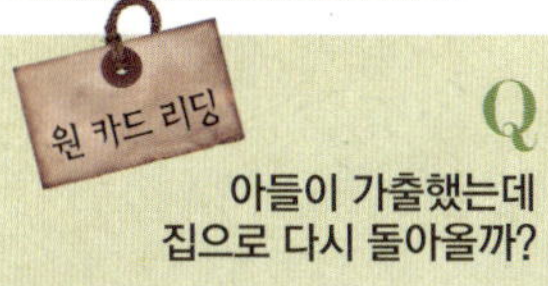

원 카드 리딩

아들이 가출했는데 집으로 다시 돌아올까?

**Q**

**정방향**_가까운 시기에 자신의 잘못을 깨닫고 집으로 돌아올 것이다.

**역방향**_유흥에 빠져 부모나 집에 돌아올 생각이 없다. 아들과 인연이 있는 사람들에게 적극적으로 연락하여 아들의 행방을 찾아내야 할 것이다.

MEMO

# 검 Swords

검은 우주 만물의 구성 요소이면서 연금술의 4원소인 공기, 물, 불, 흙 중에서 공기에 해당하고, 네 가지 상징 동물 중에서는 사람에 해당한다. 검은 날카로운 칼날처럼 이성, 현실, 지혜, 냉철한 판단, 직관력, 분석력 그리고 투쟁과 고난을 상징한다.

## 에이스 검 Ace of Swords

**정방향 키워드**

지혜로운, 시작하는, 현명한 판단, 이성적인 판단, 현실을 직시하는, 지성적인 힘이 있는, 결심을 하는, 결의에 찬

**역방향 키워드**

무모하게 시작하는, 자기 주관에 사로잡힌, 독불장군인, 현실을 무시하는, 집착하는, 혼란

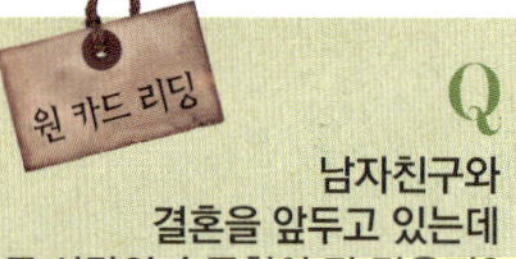

**원 카드 리딩**

**Q** 남자친구와 결혼을 앞두고 있는데 두 사람의 속궁합이 잘 맞을까?

**정방향_** 잠자리에서 터놓고 자주 대화하고 서로의 만족을 위해 노력하면 즐겁고도 행복한 사랑을 나눌 수 있을 것이다.

**역방향_** 서로 자신의 즐거움만 생각하고 상대를 배려하지 않아 성적인 문제가 생길 수 있다. 상대에 대한 배려가 좀더 필요할 것이다.

## Ⅱ. 두 개의 검 Two of Swords

### 정방향 키워드

선택해야 하는, 대등한, 균형 잡힌, 불확실한, 두 개의 일, 두 사람, 인식하지 못하는, 답답한

### 역방향 키워드

선택만 해도 되는, 불평등한, 균형이 깨진, 확실한, 불명예스러운, 혼란

**원 카드 리딩**

**Q**
갓 태어난 아기가 많이 아파서 걱정이다. 건강이 회복될까?

**정방향**_장기적인 치료가 요구된다. 너무 서두르지 말고 꾸준한 보살핌이 필요하다.
**역방향**_당분간은 건강이 회복되기 어렵겠다. 적극적으로 치료에 힘써야 할 것이다.

## Ⅲ. 세 개의 검 Three of Swords

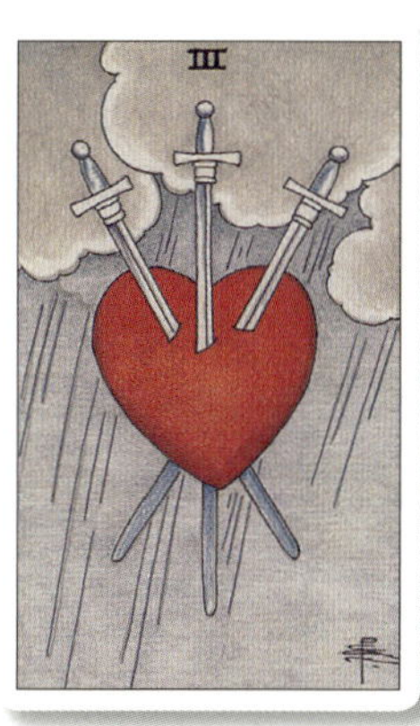

### 정방향 키워드

사랑의 상처가 깊은, 실연당한, 복잡한 상황인, 마음의 상처를 입은, 파탄난 인간관계, 스트레스가 심한, 고민이 큰, 고통이 심한, 삼각관계

### 역방향 키워드

정신적으로 황폐한, 정신이 산만한, 사랑을 얻은, 적극적으로 표현하는, 행동하는, 잘못된 선택인

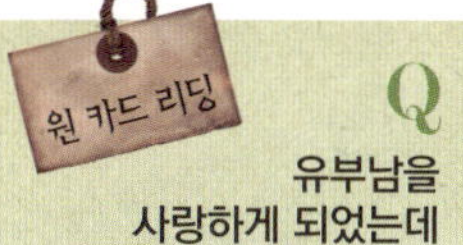

**원 카드 리딩**

**Q**
유부남을 사랑하게 되었는데 어떻게 처신해야 할까?

**정방향**_마음에 깊은 상처를 받고 관계가 끝나게 될 것이다. 실연은 또 다른 사랑으로 치유되므로 새로운 사랑을 찾아보는 것이 좋다.
**역방향**_직극직으로 표현하여 당징은 사랑을 얻을 수 있겠지만, 잘못된 선택으로 정신적인 황폐함만 남아 우울증이나 조울증에 시달릴 수 있다.

## Ⅳ. 네 개의 검 Four of Swords

### 🔑 정방향 키워드

피곤에 지친, 힘든 상황에서 잠시 벗어난, 전쟁 중 휴전, 일시적 휴식, 기도해야 하는, 잠시 회복된

### 🔑 역방향 키워드

자기 관리를 해야 하는, 힘든 상황인, 기도해야 하는, 휴식이 필요한, 보호받아야 하는

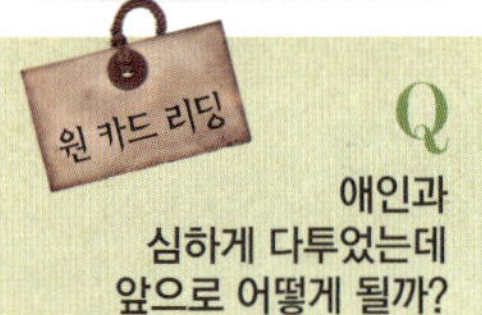

**원 카드 리딩**

**Q**
애인과 심하게 다투었는데 앞으로 어떻게 될까?

**정방향**_잠시 서로를 돌아보는 시간이 필요하다. 되도록 빨리 묵은 감정을 털어버리고 새로운 마음가짐으로 출발해야 할 것이다.
**역방향**_서로 싸움의 원인이 상대에게 있다고 생각하지 말고 자신에게 있음을 깨달아야 한다. 마음을 비우고 서로 배려하는 자세가 필요하다.

## Ⅴ. 다섯 개의 검 Five of Swords

### 🔑 정방향 키워드

경쟁이 심한, 다툼이 있는, 복잡한 상황인, 어려움을 극복한, 시행착오에서 벗어난

### 🔑 역방향 키워드

패배 가능성이 있는, 배신당하는, 경쟁자가 나타나는, 불화가 심한, 패배한

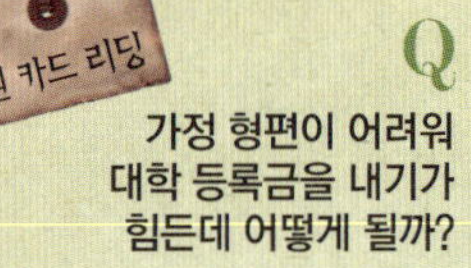

**원 카드 리딩**

**Q**
가정 형편이 어려워 대학 등록금을 내기가 힘든데 어떻게 될까?

**정방향**_매우 어려운 상황을 극복하고 힘들게 등록금을 마련할 수 있겠다.
**역방향**_가정 형편이 나아지지 않아 등록금 마련에 어려움이 따른다. 적극적으로 대처해야 지금의 힘든 상황을 극복할 수 있을 것이다.

## Ⅵ. 여섯 개의 검 Six of Swords

**정방향 키워드**

어려운 상황(위험)에서 벗어난, 불안한 탈출, 불안 뒤의 성공, 운명적인 여행, 누군가의 도움을 받은

**역방향 키워드**

성공한 뒤의 불안함, 주변의 배신, 잘못된 여행, 자신이 직접 해야 하는, 상황이 어려운

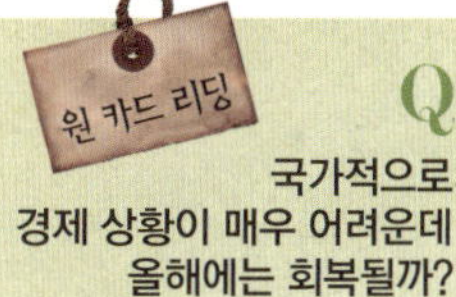

**원 카드 리딩**

**Q** 국가적으로 경제 상황이 매우 어려운데 올해에는 회복될까?

**정방향**_국민들의 적극적인 대처와 주변 국가의 도움으로 어려운 상황에서 벗어날 수 있겠다.

**역방향**_주변 국가의 배신으로 경제적인 어려움이 심화되겠다. 무역보다는 내수 위주의 정책이 필요하다. 특히 생필품, 곡물, 문화 사업이 중요하다.

## Ⅶ. 일곱 개의 검 Seven of Swords

**정방향 키워드**

위험이 따르는 성공, 위험한, 무리한, 가능성이 희박한, 위험한 시작, 거짓말을 하는, 신중하지 못한

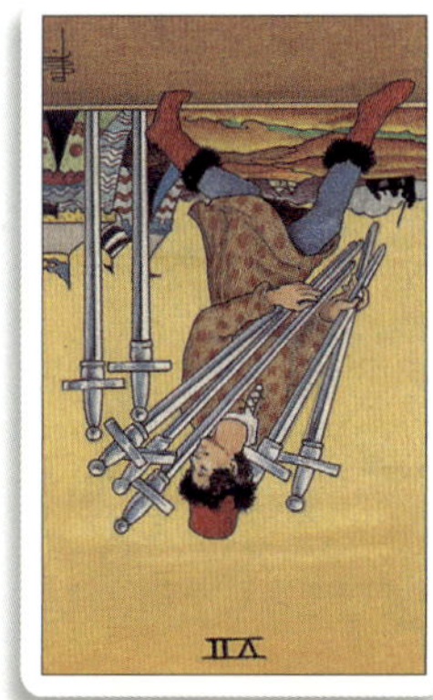

**역방향 키워드**

일부분의 성공, 위험에서 벗어난, 누군가의 도움이 있는, 조언해주는, 가능성이 있는

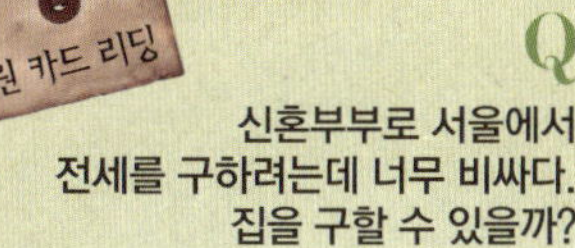

**원 카드 리딩**

**Q** 신혼부부로 서울에서 전세를 구하려는데 너무 비싸다. 집을 구할 수 있을까?

**정방향**_서울에서 전세를 구하기에는 금전적인 어려움이 있다. 서울을 벗어난 지역에서 알아보는 것이 좋겠다.

**역방향**_주위 사람들의 도움으로 어렵게 전세 자금을 마련하여 서울에서 전세를 구할 수 있겠다.

## VIII. 여덟 개의 검 Eight of Swords

### 정방향 키워드

두려움이 가득한, 앞날이 막막한, 일이 풀리지 않는, 고민이 많은, 가능성이 전혀 없는, 계속되는 고통

### 역방향 키워드

두려움에서 벗어난, 약간의 희망이 있는, 일이 풀려가는, 고민이 해결된, 홀가분한 상태인

**Q**

시내 대학가에서 타로 카페를 운영하고 있다. 오늘 손님이 많이 올까?

**정방향**_오늘은 손님이 적어 고민이 많겠다. 마음을 비우고 내일을 기대하는 것이 좋겠다.

**역방향**_특별히 많지도 않고 적지도 않게 평소에 오는 정도의 손님이 올 것이다.

## IX. 아홉 개의 검 Nine of Swords

### 정방향 키워드

두려움이 가득한, 근심이 있는, 걱정이 끊이지 않는, 절망적인, 정신적으로 아픈, 악몽을 꾼

### 역방향 키워드

두려움에서 벗어난, 과거에서 벗어난, 원망을 버린, 희망이 보이는, 치유되는

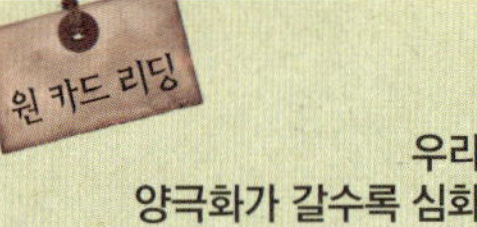


**Q**

우리나라의 양극화가 갈수록 심화되는데 올해는 나아질까?

**정방향**_빈부의 양극화가 더욱 심해져서 부자와 가난한 사람들 사이에 갈등이 심화되고 경제가 매우 어려운 상황에 놓이게 된다.

**역방향**_빈부의 양극화가 조금은 해소되는 희망이 보인다.

## X. 열 개의 검 Ten of Swords

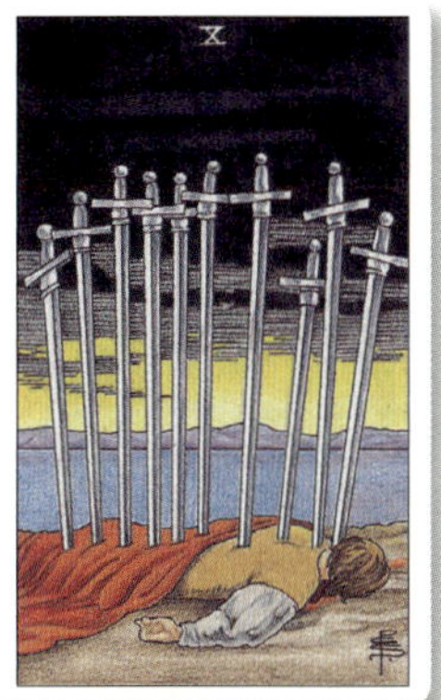

**🔑 정방향 키워드**

되는 일이 없는, 실패한, 난관에 봉착한, 좌절된 현실, 절망에 가득한 결실, 고통 끝에 희망이 있는, 미래의 새로운 시작

**🔑 역방향 키워드**

일이 풀려가는, 일시적인 이득이 있는, 고통에서 벗어난, 잠시 동안의 성공, 유리한 현실

**원 카드 리딩**

**Q** SNS에 쓴 글이 문제가 되어 소송에 휘말렸는데 어떻게 될까?

**정방향**_송사에서 부정적인 결과가 나올 것이다. 화해를 위해 적극적으로 대처하는 것이 좋겠다.

**역방향**_송사로 잠시 고통이 있지만 서서히 일이 풀리겠다. 힘들겠지만 당당하게 대처해 나가면 좋은 결과가 있을 것이다.

## 소년의 검 Page of Swords

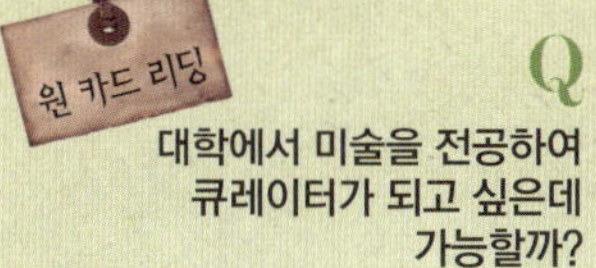

**🔑 정방향 키워드**

순수한, 진실을 추구하는, 의사소통이 잘 되는, 자신의 의견을 관철시키는, 자신을 개방하는, 소통하는, 호기심이 많은

**🔑 역방향 키워드**

정신적 스트레스가 심한, 위험하게 행동하는, 무모한 자신감, 서두르는, 함부로 지성을 휘두르는, 말만 하고 행동하지 않는

**원 카드 리딩**

**Q** 대학에서 미술을 전공하여 큐레이터가 되고 싶은데 가능할까?

**정방향**_미술 전공이 큐레이터에 큰 도움이 될 것이다. 나름대로 준비가 되어 있으므로 능력을 발휘할 수 있겠다.

**역방향**_미술을 전공했지만 큐레이터에 대한 이해가 부족하다. 너무 서두르지 말고 기본적인 내용부터 공부해야 한다.

## 기사의 검 Knight of Swords

**정방향 키워드**

적극적인, 배짱 있는, 역마의 기운이 넘치는, 사리 분별이 뛰어난, 감정적으로 서두르는, 냉정한

**역방향 키워드**

집착하는, 소신을 굽히지 않는, 서두르는, 경솔한, 고집이 센

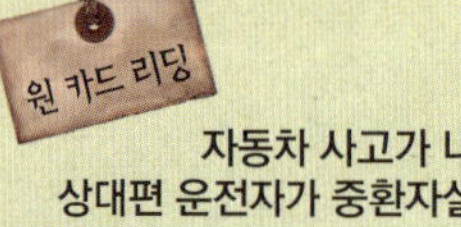

**원 카드 리딩**

**Q** 자동차 사고가 나서 상대편 운전자가 중환자실에 입원해 있다. 큰 문제가 없을까?

**정방향**_수술이 잘 되어 회복되겠다. 큰 걱정은 하지 않아도 되겠다.
**역방향**_수술은 성공적이지만 상대편 운전자가 병원에 집착하여 퇴원할 생각이 없다. 상대편 운전자와 많은 대화를 통해 슬기롭게 해결해야 할 것이다.

## 여왕의 검 Queen of Swords

**정방향 키워드**

날카로운 지성, 예리한 분석력을 가진, 이성이 발달한, 난관을 극복하는, 포용력이 있는, 지적 수준이 높은

**역방향 키워드**

비논리적인, 엉뚱한 분석력, 지나치게 감정적인, 어려움에 봉착한, 독선적인, 냉정한

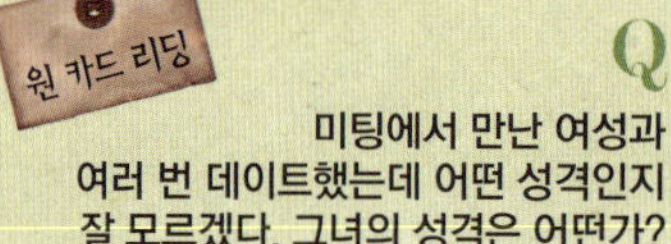

**원 카드 리딩**

**Q** 미팅에서 만난 여성과 여러 번 데이트했는데 어떤 성격인지 잘 모르겠다. 그녀의 성격은 어떤가?

**정방향**_분석적이고 계획적인 성격이며 날카로운 지성을 가지고 있다.
**역방향**_논리적이지 못하고 산만하며 독선적이다.

## 왕의 검 King of Swords

🔑 **정방향 키워드**

논리적인, 비판적 지식을 가진, 권위가 있는, 지성적인, 냉철한 행동

🔑 **역방향 키워드**

비논리적인, 불필요한 잔소리, 잔머리를 굴리는, 독선적인, 소통이 안 되는

**원 카드 리딩**

**Q**

입사 시험을 보았는데 합격이 가능할까?

**정방향**_능력 있고 확실한 실력을 인정받아 합격할 가능성이 높다.

**역방향**_논리적이지 못하고 면접관의 질문에 엉뚱한 대답을 하며 독선적인 성품으로 불합격할 가능성이 높다.

MEMO

# 동전 Pentacles

동전은 우주 만물의 구성 요소이면서 연금술의 4원소인 흙, 공기, 물, 불 중 흙을 상징하며, 네 가지 상징 동물 중에서 황소에 해당한다. 흙(땅)의 의미처럼 물질, 금전, 재물, 노동의 대가, 일, 기술, 노동 등을 상징한다.

## 에이스 동전 Ace of Pentacles

**정방향 키워드**

새로운 계획을 하는, 프로젝트에 성공한, 재정을 확보한, 창의적인 계획, 충분히 준비된

**역방향 키워드**

계획이 어긋난, 프로젝트가 실패한, 재정이 부실한, 탐욕적인, 인색한

**원 카드 리딩**

**Q** 인터넷 동호회에서 매년 진행하는 불우이웃돕기가 올해도 잘 치러질까?

**정방향**_많은 사람들이 동참하여 예년보다 더 많은 수익이 생기고, 불우이웃을 돕는데 큰 도움이 될 것이다.

**역방향**_생각한 만큼의 성과는 이룰 수 없겠다. 적극적인 홍보와 대책이 필요하다.

## Ⅱ. 두 개의 동전 Two of Pentacles

**🔑 정방향 키워드**

두 가지 일을 하는, 균형을 이룬, 자금 회전이 원활한, 양다리를 걸친, 방만한 계획, 당황하는, 서투른 실행, 주변을 못 보는

**🔑 역방향 키워드**

시각을 넓혀야 하는, 관계를 축소해야 하는, 괴로운 가운데 즐거운, 적극적으로 실행해야 하는, 자금 회전이 불안한

원 카드 리딩

**Q**
자격증 취득을 위해 시험을 준비하고 있다. 합격할 수 있을까?

**정방향**_여러 가지 일을 동시에 해결하려는 상황이다. 신경 쓰고 있는 다른 일 때문에 수험 공부에 집중하지 못하고 있다.
**역방향**_공부에 집중해야 하고, 적극적으로 시험 준비를 해야 한다. 쉽지 않은 시험이다.

## Ⅲ. 세 개의 동전 Three of Pentacles

**🔑 정방향 키워드**

창조적인, 예술적인, 기술이 뛰어난, 조금만 더 하면 되는, 거의 완성되어가는, 능숙한, 협조하는

**🔑 역방향 키워드**

창조력이 부족한, 기술력이 뒤처진, 관계가 어긋남, 완성하려면 시간이 걸리는

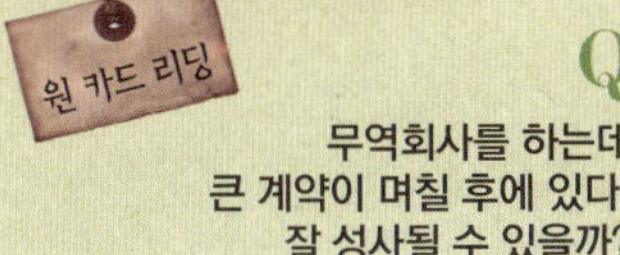

원 카드 리딩

**Q**
무역회사를 하는데 큰 계약이 며칠 후에 있다. 잘 성사될 수 있을까?

**정방향**_지금까지 계약을 위해서 열심히 노력한 만큼 조금만 더 노력한다면 계약이 성사되겠다.
**역방향**_계약이 어긋나서 성사되기 어렵다. 서두르지 말고 시간을 가지고 계약 성사를 위해서 노력해야 한다.

## Ⅳ. 네 개의 동전 Four of Pentacles

**🔑 정방향 키워드**

풍족한, 자기 중심적인, 관리능력이 뛰어난, 구두쇠인, 소유하려는, 집착하는, 재물에 욕심이 많은, 여러 명을 동시에 만나는

**🔑 역방향 키워드**

타인 중심적인, 관리능력이 허술한, 낭비하는, 탐욕적인, 돈으로 자신을 지켜야 하는, 쇼핑중독이 있는, 쉽게 포기하는, 쉽게 손해보는

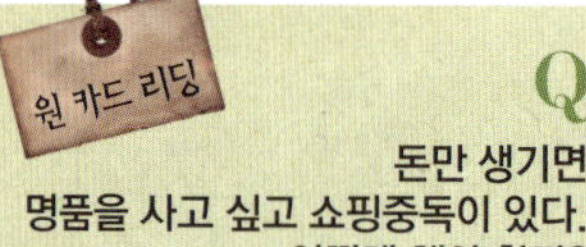

**원 카드 리딩**

**Q** 돈만 생기면 명품을 사고 싶고 쇼핑중독이 있다. 어떻게 해야 할까?

**정방향**_물건에 대한 집착이 심각해 병원 치료가 필요하다.

**역방향**_자신을 조절하고 관리하는 능력이 떨어지고 즉흥적이다. 자기 관리능력을 길러야 한다. 쇼핑에 대한 집착이 줄어들지 않으면 병원 치료가 필요하다.

## Ⅴ. 다섯 개의 동전 Five of Pentacles

**🔑 정방향 키워드**

가난한, 실패한, 주변을 보지 못하는, 주의 깊게 보아야 하는, 안정감이 없는, 현실을 직시하지 못하는, 원하는 것을 놓치는, 주의력이 부족한, 자신을 돌보지 못하는

**🔑 역방향 키워드**

실패를 극복한, 주변을 돌아보는, 능력 부족을 인식한, 자신을 돌아보는, 도움을 받는, 집중력이 있는, 원하는 바를 얻는

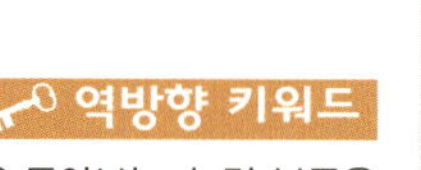

**원 카드 리딩**

**Q** 어릴 적 친척오빠에게 성폭행을 당해 죄책감에 시달리고 연애가 두려운데 어떻게 해야 할까?

**정방향**_당신은 피해자일 뿐 아무런 잘못이 없다. 과거는 빨리 털어버리고 자신을 돌보는 것이 필요하다.

**역방향**_당신은 피해자일 뿐이지만 상처를 치유하기 위해 가까운 사람이나 병원, 심리 상담소 등의 도움을 받아야 한다.

## VI. 여섯 개의 동전 Six of Pentacles

**정방향 키워드**

나누어주는, 베푸는, 정이 헤픈, 완벽한, 단계적인, 꼼꼼한

**역방향 키워드**

빚을 진, 갚아야 하는, 돌려받지 못한, 자신을 돌아보아야 하는, 이해 타산이 있어야 하는, 받을 것이 많은, 필요한

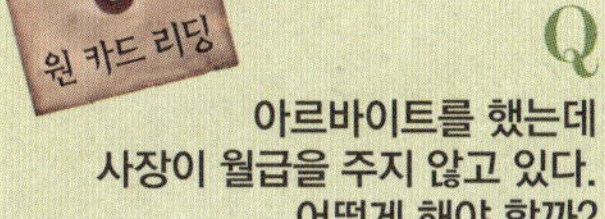

원 카드 리딩

**Q**
아르바이트를 했는데 사장이 월급을 주지 않고 있다. 어떻게 해야 할까?

**정방향**_사장이 매우 계산적이다. 당당하게 요구하면 조금씩 계속해서 받을 수 있겠다.

**역방향**_자신이 일한 대가를 받기 어려울 것 같다. 지금까지보다 더 적극적으로 사장에게 자신이 일한 대가를 요구해야 한다.

## VII. 일곱 개의 동전 Seven of Pentacles

**정방향 키워드**

진지하게 생각하는, 진지하게 행동하는, 성실히 노력해야 하는, 돌다리도 두드리고 건너는, 조금만 더 하면 결과가 있는, 노력하고 있는

**역방향 키워드**

성급하게 생각하는, 성급하게 행동하는, 서두르지 말아야 하는, 기다려야 하는, 진지하게 해야 하는

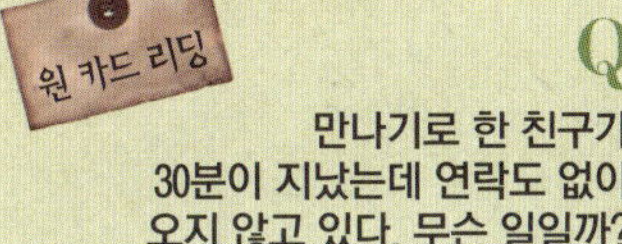

원 카드 리딩

**Q**
만나기로 한 친구가 30분이 지났는데 연락도 없이 오지 않고 있다. 무슨 일일까?

**정방향**_조금만 기다려라. 친구가 금방 올 것이다.
**역방향**_정방향의 해석과 비슷하다. 친구가 조금 늦어진다. 기다려라, 시간이 지나면 친구가 올 것이다.

## VIII. 여덟 개의 동전 Eight of Pentacles

### 🔑 정방향 키워드

일에 열중하는, 재주가 뛰어난, 손재주가 있는, 인내심이 있는, 반복적인, 능력을 개발하는, 노력하는, 미완성인, 조금만 더 하면 되는

### 🔑 역방향 키워드

게으른, 재주가 부족한, 흥미가 없는, 요행을 바라는, 기술이 부족한, 순간적으로 모면하려는

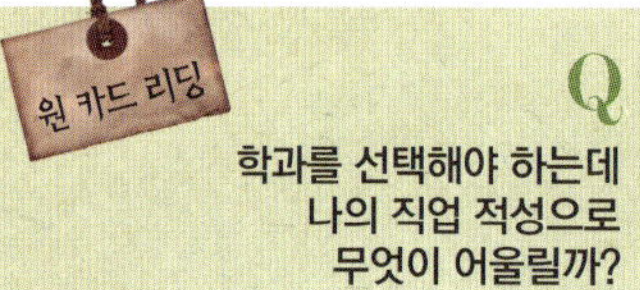
원 카드 리딩

학과를 선택해야 하는데
나의 직업 적성으로
무엇이 어울릴까?

**Q**

**정방향**_손재주를 가지고 하는 기술이나 예술 분야 또는 돈을 만지는 보험, 증권, 금융 계통의 직업이 어울린다.

**역방향**_손재주로 하는 기술, 예술 분야의 일이나 돈을 만지는 보험, 증권, 금융 계통이 어울리지만 노력이 필요하다.

## IX. 아홉 개의 동전 Nine of Pentacles

### 🔑 정방향 키워드

풍요로운, 풍성한 결과, 성공이 큰, 아름다운, 금전적으로 여유로운, 혼자 있는

### 🔑 역방향 키워드

실패하는, 우울증이 심한, 고독한, 재물 손실이 큰, 어리석은, 집착하는, 생각이 많은

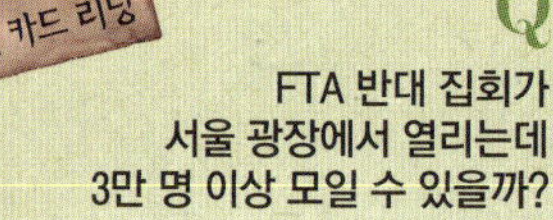
원 카드 리딩

FTA 반대 집회가
서울 광장에서 열리는데
3만 명 이상 모일 수 있을까?

**Q**

**정방향**_집회에 참여한 시민들이 서울역 광장을 가득 채우고도 남아 예상보다 훨씬 많은 인파가 모여들 것이다.

**역방향**_집회에 참여한 시민이 기대보다 적다. 더 적극적인 홍보가 필요할 것이다.

## X. 열 개의 동전 Ten of Pentacles

### 🔑 정방향 키워드

풍요로운, 행복한, 가정이 화목한, 금전적으로 여유로운, 가정적인

### 🔑 역방향 키워드

돈에 집착하는, 돈이 새어 나가는, 위험이 있는, 다투는, 외로운, 상실

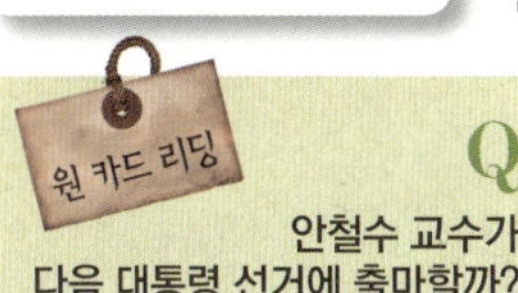

**Q**

안철수 교수가 다음 대통령 선거에 출마할까?

**정방향**_대통령 선거에 출마 선언을 하고 국민의 열정적인 사랑을 받게 될 것이다.

**역방향**_대통령 선거에 출마를 선언하려고 하는 시기에 복잡한 상황에 얽히는데, 재산 기부로 어려움을 극복하고 출마할 것이다.

## 소년의 동전 Page of Pentacles

### 🔑 정방향 키워드

새로운 일, 경제적인 기회, 현실적인, 실용적인, 돈에 집착하는, 공부를 게을리하는, 비전을 바라보는, 허황된

### 🔑 역방향 키워드

현실 인식이 약한, 실용적이지 못한, 공부를 너무 쉽게 생각하는, 발전이 없는

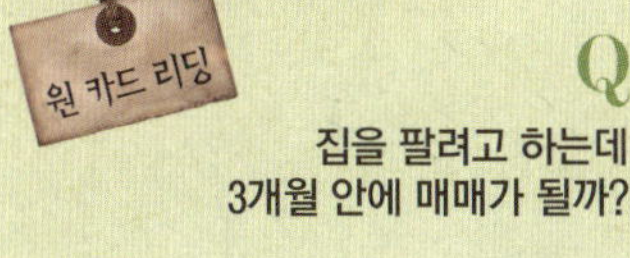

**Q**

집을 팔려고 하는데 3개월 안에 매매가 될까?

**정방향**_주변 시세와 비슷한 가격이라면 3개월 이내에 매매가 가능할 것이다.

**역방향**_주변 시세보다 낮게 내놓아야 매매가 될 수 있겠다. 이익을 보는 것은 불가능하다.

## 기사의 동전 Knight of Pentacles

### 정방향 키워드

사업에 능력이 있는, 믿음직스러운, 성실한, 꾸준한, 언행이 일치하는, 역마가 있는

### 역방향 키워드

게으른, 능력이 부족한, 신뢰하지 못하는, 저돌적인, 안정감이 부족한

원 카드 리딩

**Q** 해외 유학을 준비하고 있는데 무사히 끝낼 수 있을까?

**정방향**_계획을 세워 준비한 만큼 해외 유학이 순조롭게 이루어질 것이다.

**역방향**_노력이 부족하기 때문에 해외 유학이 쉽게 이루어지기 어렵다.

## 여왕의 동전 Queen of Pentacles

### 정방향 키워드

성공한, 결실이 풍성한, 자기 관리를 잘하는, 여유로운, 포용력이 있는, 가정적인, 안전한

### 역방향 키워드

욕망이 강한, 탐욕이 심한, 낭비가 심한, 현숙하지 못한, 가정과 일의 균형을 잡지 못하는

원 카드 리딩

**Q** 옆집 오빠를 좋아하고 있는데 어떻게 해야 내 마음을 알아줄까?

**정방향**_너무 나서지 말고 당신이 본래 가지고 있는 따뜻한 마음, 착한 심성을 보여주면 될 것이다.

**역방향**_집착이 강해서 상대가 스트레스를 받을 수 있다. 스토커처럼 너무 나서지 말아야 할 것이다.

# 왕의 동전 King of Pentacles

**정방향 키워드**

성공적인 리더십, 사업가적 능력, 실용적인, 안정적이고 완고한, 책임감이 뚜렷한, 안전한, 풍족한

**역방향 키워드**

욕심이 강한, 돈에 집착하는, 권위에 사로잡힌, 자기본위적인, 책임을 떠넘기는

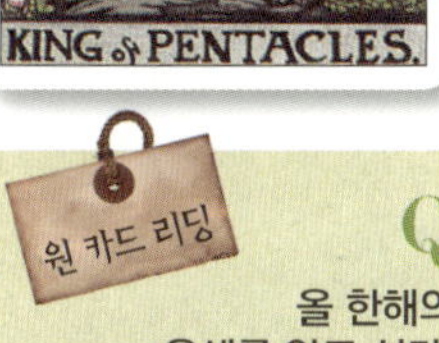

원 카드 리딩

**Q**

올 한해의 운세를 알고 싶다.

**정방향**_당신이 원하는 일들, 이루고자 하는 일들이 순조롭게 풀려서 성공적인 한 해가 될 것이다.

**역방향**_욕심이 너무 지나쳐서 주위 사람과 갈등하게 되고 하는 일에 굴곡이 따르게 된다. 욕심을 줄여야 좋은 일이 많이 생긴다.

MEMO

**1. 다음 중 마이너 카드를 올바로 짝지은 것은?**

① 코트 카드 – 핍 카드

② 에이스 카드 – 코트 카드

③ 웨이트 카드 – 코트 카드

④ 슈트 카드 – 에이스 카드

⑤ 오컬트 카드 – 코트 카드



**2. 다음 중 상을 탈 수 있는지를 묻는 질문에 가장 좋은 카드는?**

① 왕의 검　　② 왕의 컵　　③ 왕의 지팡이

④ 왕의 동전　　⑤ 황제 (메이저 카드)



**3. 다음 중 집이 매매될 것인지를 묻는 질문에 가장 좋은 카드는?**

① 왕의 검

② 왕의 컵

③ 왕의 지팡이

④ 왕의 동전

⑤ 나그네

**4. 다음 중 해외유학이 성공적일지를 묻는 질문에 가장 좋은 카드는?**

① 여황제　　② 교황　　③ 두 개의 지팡이

④ 세 개의 동전　　⑤ 악마



**5. 다음 중 직업으로 군인이 괜찮은지를 묻는 질문에 가장 좋은 카드는?**

① 기사의 검　　② 세 개의 동전　　③ 소년의 지팡이

④ 네 개의 지팡이　　⑤ 네 개의 동전

**6. 다음 중 힘든 과정을 이겨낸 뒤 새로운 출발을 의미하는 카드는?**

    ① 거꾸로 매달린 사나이

    ② 아홉 개의 지팡이

    ③ 여왕의 검

    ④ 아홉 개의 검

    ⑤ 여섯 개의 검



**7. 다음 중 어떤 상황이 빠르게 진행됨을 상징하는 카드는?**

    ① 매달린 사람

    ② 기사의 동전

    ③ 여덟 개의 지팡이

    ④ 아홉 개의 검

    ⑤ 아홉 개의 지팡이



**8. 다음 중 결혼식과 관련이 있는 카드는?**

    ① 네 개의 지팡이

    ② 동전 에이스

    ③ 일곱 개의 동전

    ④ 교황

    ⑤ 아홉 개의 검

**9. 다음 중 일곱 개의 검 카드에 대한 설명으로 옳지 않은 것은?**

    ① 검 일곱 개 가운데 다섯 개를 훔쳐서 달아나고 있다.

    ② 흥분과 스릴

    ③ 무모한 행동

    ④ 독자적으로 추진함

    ⑤ 좀더 주의 깊게 행동해야 한다



정답   1①, 2②, 3④, 4③, 5①, 6⑤, 7③, 8①, 9④

# 문라이트 앤 발렌티노
Moonlight And Valentino, 1995

상처받은 마음을 서로 따뜻하게 위로해주는 네 여자의 이야기이다. 데이비드 앤스포가 감독하고, 엘리자베스 퍼킨스, 캐서린 터너, 기네스 펠트로우, 우피 골드버그 등 할리우드의 굵직굵직한 여배우들이 대거 출연한다.

레베카는 대학에서 시를 가르치는 교수로 어느 날 갑작스러운 사고로 남편을 잃는다. 그녀를 위로하기 위해 동생 루시, 새엄마 알베르타, 그리고 친구 실비가 찾아온다. 레베카는 그들과 함께 점점 자신의 생활을 다시 찾아가면서 그들의 비밀스러운 속마음을 하나 둘 알게 된다. 동생 루시는 새엄마를 증오하며 사사건건 그녀와 충돌한다. 흑인여성인 실비는 백인 남편과 미묘한 갈등을 겪고 있으며 항상 남편과의 사이가 틀어질까봐 불안해하지만, 실은 그녀 스스로 남편을 거부한다는 사실을 알지 못한다. 또한 성공한 커리어우먼인 새엄마 알베르타는 남편과는 이미 헤어졌지만 의붓딸들에 대한 사랑이 깊어서 딸들에게 가까이 다가가려고 노력하지만 방법의 차이 때문에 매번 좌절감을 느낀다.

한편 다시 학교에 나가기 시작한 레베카의 기운을 북돋아주기 위해 이 네 명의 여자들은 같이 외출을 하는 등 자주 어울리게 된다. 그러던 중 레베카의 생일을 맞아 알베르타는 아주 특별한 선물을 계획하는데, 그것은 바로 레베카의 집을 새롭게 색칠해주는 것이었다.

알베르타가 고용한 페인트공은 신비스러운 매력을 지닌 섹시하고 멋진 남자인데,(이 역을 유명한 락스타 존 본조비가 연기하여 큰 화제가 되었다) 한밤중에 페인트칠을 하는 그 남자 때문에 잠을 설치는 레베카는 그에게 불평을 하고, 다음날 그는 지난 밤의 무례를 사과하며 레베카에게 식사를 대접한다. 두 사람은 피자를 먹으며 서로에 대한 애기를 하다가 조금씩 친밀해진다. 이제 레베카에게는 죽은 남편을 마음으로부터 떠나보내는 의식만이 남아 있다. 하지만 레베카에게는 남편에 대한 열등감이 잠재되어 있었고, 그 때문에 그다지 행복한 결혼생활은 아니었다는 사실을 깨닫게 된다.

네 사람은 어느 날 새벽에 각기 다른 분장을 하고 죽은 엄마의 무덤가에 모여 서로의 마음 속에 담아둔 속마음을 꺼내 보이기로 한다. 두 자매의 친엄마를 질투까지 한 알베르타의 진심을 알게 된 루시는 이제까지 닫아두었던 마음의 문을 열어 알베르타를 받아들이고, 레베카는 과거의 그림자로부터 벗어나 사랑하는 사람을 마음 속에서 떠나보낸다.


이 영화에서는 실비가 레베카에게 타로의 점괘를 읽어주는 장면을 통해 그녀들이 느끼는 현재 상황과 심리 상태를 보여준다. 실비가 고른 다섯 장의 카드는 은둔자, 죽음, 열 개의 검, 아홉 개의 검, 마지막으로 운명의 수레바퀴 카드이다. 은둔자 카드가 주위 사람들로부터 자꾸만 숨으려고 하는 레베카를 암시한다면, 죽음 카드는 망쳐버린 실비의 결혼생활을 암시한다. 두 장의 검 카드 역시 앞서의 불행을 더욱 악화시키는 부정적인 카드이지만, 실비는 마지막 운명의 수레바퀴 카드를 보고 행운을 점친다. 인생에는 오르막길과 내리막길이 있으며, 자신의 직관을 따라가면 행운을 발견할 수 있다는 것이다.

타로카드가 앞날에 대해 100% 정확한 답을 보여준다고 확신하면 안 된다. 질문자가 선택한 타로카드에는 그 사람의 무의식과 직관이 드러나는데, 타로 리더는 그것을 보고 질문자의 과거와 현재 상태를 유추하여 미래를 예측한다. 비록 타로 리더가 있는 그대로 카드를 잘 읽었다고 해도 질문자가 자신의 문제점이나 상황을 냉철하게 인식하고 과거나 현재보다 더 많이 노력한다면 미래에는 얼마든지 긍정적인 모습으로 변화할 수 있고, 결과적으로 타로카드의 해답은 어긋날 수 있다. 여기서 알 수 있듯이, 훌륭한 타로 리더는 100% 알아맞히는 족집게가 아니라 질문자의 심리를 이해하고 어떻게 해야 슬기롭게 미래를 개척할 수 있는지 조언해주는 카운슬러이다.

# 타로카드 실전 풀이

# 1

# 타로카드 배열법

각각의 타로카드에 담긴 정방향의 키워드와 역방향의 키워드를 숙지했다면 이제 배열법에 따라 카드를 펼쳐서 타로점을 칠 수 있다. 이때 몇 가지 주의할 내용이 있다.

먼저 타로 리더의 역할에 대해 제대로 이해해야 한다. 타로카드가 앞날에 대해 100% 정확한 답을 보여준다고 확신하면 안 된다. 질문자가 선택한 타로카드에는 그 사람의 무의식과 직관이 드러나는데, 타로 리더는 그것을 보고 질문자의 과거와 현재 상태를 유추하여 미래를 예측한다. 비록 타로 리더가 있는 그대로 카드를 잘 읽었다고 해도 질문자가 자신의 문제점이나 상황을 냉철하게 인식하고 과거나 현재보다 더 많이 노력한다면 미래에는 얼마든지 긍정적인 모습으로 변화할 수 있고, 결과적으로 타로카드의 해답은 어긋날 수 있다. 여기서 알 수 있듯이, 훌륭한 타로 리더는 100% 알아맞히는 족집게가 아니라 질문자의 심리를 이해하고 어떻게 해야 슬기롭게 미래를 개척할 수 있는지 조언해주는 카운슬러이다.

또한 효과적인 타로 리딩을 위해서는 질문 방법이 중요하다. 먼저 타로점을 칠 때는 가까운 시일에 일어날 구체적인 내용을 질문해야 정확한 답을 얻을 수 있다. 타로카드는 1년 이상의 질문에는 답하기 힘들지만, 6개월 이내의 질문에 대해서는 적중률이 높은 답을 보여준다. 그러므로 예를 들어 결혼운에 대해 알고 싶다면 "결혼할 수 있을까요?" 라는 질문보다는 "올해 안에 결혼할 수 있을까요?" 라는 질문이, 재물운에 대해 알고 싶다면 "돈을 벌 수 있을까요?" 라는 질문보다는 "한 달 안에 빌려준 돈 천

만원을 받을 수 있을까요?"라는 질문이 정확한 답을 듣기에 유리하다.

그리고 한번 카드를 펼칠 때마다 한 가지 질문만 해야 한다. 관련된 질문이라고 해도 다시 새롭게 카드를 펼쳐서 답을 들어야 한다. 뿐만 아니라 질문에 대해 부정적인 답이 나왔다고 해서 다시 카드 리딩을 해서도 안 된다. 원하는 답을 듣기 위해 여러 번 반복하여 타로점을 치는 행위는 허용되지 않는다.

여기에서는 타로카드 배열법을 활용하여 여러 가지 질문에 대한 답을 찾는 과정을 설명한다. 모든 배열법은 앞서 『타로카드 초보탈출』에서 자세하게 다루었으므로 실력에 자신이 없으면 다시 한번 차분하게 복습한 후 실전에 적용하기 바란다.

## 1 카드 배열법

카드 한 장만을 사용하는 가장 간단한 배열법이지만 각각의 카드가 가지고 있는 키워드를 확실히 알고 있어야만 카드를 읽고 해석할 수 있다. 질문은 Yes 또는 No로 대답할 수 있는 단답형이 적절하다. 이 배열법은 주로 질문에 대한 답을 구할 때 사용하며, 일상생활에서 명상을 할 때에도 자주 사용한다.

**이 남성과 결혼을 해도 될까?** 

 교황 카드 역방향이 두 남녀가 사랑, 연애, 결혼의 신성함을 깨닫지 못하고 있음을 암시하고 있다. 그러므로 두 사람은 서로의 인연이 아니다. 만약 결혼하게 된다면 성격, 가치관, 종교, 취미, 학벌, 집안일 등 여러 가지 문제로 서로 어긋나서 갈등이 심할 것이다.

 **이 남성과 결혼을 해도 될까?**

 동일한 질문에 대해 같은 카드 정방향이 나왔다. 우선 이 두 사람은 사랑, 연애, 결혼에 대해 매우 신성하게 생각하고 조심스럽게 접근하므로 결혼하는 데는 문제가 없다.

하지만 둘 다 고지식하고 자기 절제가 지나치게 강하여 사랑의 이벤트나 육체관계에서 표현이 부족하고, 더 나아가 요즘 이혼 사유로 대두되는 섹스리스 부부가 될 가능성이 있다. 부부가 같이 살아도 성직자처럼 무덤덤한 관계가 될 수 있으므로 적극적인 감정 표현이 필요하다.

## 3 카드 배열법

이 배열법은 일반적인 질문에 널리 사용할 수 있고, 타로카드를 세 장만 사용하기 때문에 매우 간단하다. 기본적으로 각각의 카드는 놓는 순서에 따라 과거, 현재, 미래를 암시한다.



여자친구와 다투었는데 며칠이 지나도록 연락이 오지 않는다. 여자친구가 잘 지내고 있는지, 앞으로 연락을 해올지 궁금하다.

여자친구와의 관계가 시간적으로 단절되어 있지 않고 과거, 현재, 미래로 이어지며 영향을 받으므로 3 카드 배열법으로 답을 찾는다.

① ② ③

①은 과거, ②는 현재, ③은 미래를 나타낸다.

과거를 나타내는 자리에 태양 카드가 있다. 이제까지 두 사람이 서로를 너무나 배려하며 사랑하던 사이였음을 암시한다.

현재를 보여주는 탑 카드는 부정적인 의미이다. 서로간에 감정의 골이 깊고 상처가 있음을 말해준다. 여기서 카드의 방향을 주의해야 한다. 탑 카드가 정방향일 때는 두 사람 사이가 돌이킬 수 없는 상황이겠지만, 카드가 역방향이므로 부정적인 해석이 약해진다. 따라서 여자친구와의 관계가 회복될 가능성이 충분히 있다. 잠시 토라져 있을 뿐이다.

마지막으로 미래를 보여주는 연인 카드는 여자친구의 기분이 풀리고, 둘 사이가 과거처럼 다정한 연인으로 돌아간다고 말해준다. 기다리면 여자친구로부터 곧 연락이 올 것이다. 질문자가 적극적으로 연락을 취해도 좋다.

이러한 질문에는 대상이 되는 남자를 모두 평등하게 보는 의미에서 카드를 반드시 가로로 배열해야 한다. 세로로 배열하면 카드를 놓는 위치에 따라 남자의 순위가 매겨져 제대로 결과가 나오지 않는다. 또한 세 남자의 번호를 미리 신중하게 생각하고 배열해야 한다.

①은 첫 번째 남자, ②는 두 번째 남자, ③은 세 번째 남자를 나타낸다.

첫 번째 남자는 황제 카드 역방향이다. 당신에 대해 호감은 있지만 적극적이지 않고, 당신에 대해 이해타산적이고 계산적인 태도임을 암시한다.

두 번째 남자는 탑 카드 역방향이다. 당신에 대해 호감이 없고 부정적인 생각이 많음을 암시한다.

세 번째 남자는 전차 카드이다. 당신에 대해 호감이 많고 적극적인 애정공세를 하고 있음을 암시한다.

앞서와 달리 이 질문에 대해서는 메이저 카드가 아닌 마이너 카드를 사용한다. 배열법마다 메이저 카드와 마이너 카드를 따로 사용하기도 하고 함께 사용하기도 하는데, 전적으로 타로 리더의 생각에 따라 선택하면 된다. 다만, 현대에는 메이저 카드와 마이너 카드를 모두 사용하는 추세이다.

①은 과거, ②는 현재, ③은 미래를 나타낸다.

과거를 나타내는 두 개의 지팡이 카드를 보면 지팡이 하나는 세워져 있고, 하나는 남자가 손으로 잡고 있다. 이것으로 미루어 질문자는 취직을 준비하며 두 가지 목표를 가지고 있었다고 짐작된다. 또한 미래에 대한 욕망과 야망이 매우 크며, 새로운 세상에 대한 도전심이 매우 강하다.

현재를 나타내는 열 개의 지팡이 카드는 질문자가 생각이 너무 많고, 취직에 대해 부담감이 너무 크며 공부를 힘들어한다고 암시한다. 본인이 가지고 있는 야망에 비해 능력이 따라오지 못하고 힘에 부치는 상태이다.

미래를 나타내는 카드는 소년의 컵 카드 역방향이다. 컵이 뒤집혀 그 안에 들어 있는 물고기가 땅바닥으로 내동댕이쳐지는 형상이다. 따라서 질문자가 취업에 대한 부담감 때문에 실력을 발휘하지 못하고, 지금까지의 노력이 취업으로 이어지지 못하게 된다. 현재 느끼고 있는 공부와 취업에 대한 중압감에서 벗어나 새롭게 마음가짐을 가져야 한다. 지금의 심리 상태로는 취업의 문턱을 넘기 어려워 보인다.


**남자친구와 궁합이 괜찮은지 알고 싶다.**

**A** ①은 남자의 성(sex), ②는 여자의 성, ③은 두 사람의 궁합을 나타낸다.

첫 번째 악마 카드는 집착, 음란, 속박 등의 키워드를 가지고 있으므로 질문자의 남자친구가 여성을 정복하려 하고, 육체적인 사랑이나 섹스에 대한 집착이 강하다는 것을 암시한다.

두 번째 네 개의 컵 카드는 여성(질문자)이 무관심, 지루함, 욕망이 없음을 암시한다. 즉, 질문자는 섹스에 무관심한 편으로, 남자친구가 자신을 배려하지 않고 성적으로 집착하는 것에 불만을 느끼고 육체관계를 피하고 싶어한다.

　세 번째 여사제 카드는 역방향으로 두 사람의 궁합이 좋지 않음을 암시한다. 남자는 섹스에 지나치게 집착하는 반면 여자는 섹스에 무관심하므로 두 사람의 섹스 궁합은 매우 실망스러운 정도라고 할 수 있다.

## 3 카드 배열 응용법

　이 배열법은 먼저 3 카드 배열법으로 질문에 대한 답을 구하고, 다시 그것과 관련된 질문에 대해 새롭게 카드를 펼쳐서 답을 구한다. 서로 관련된 질문이나 비슷한 질문에 대해 반복적으로 타로점을 치는 컨티뉴드 리딩(continued reading)에 매우 유용한 배열법이다. 컨티뉴드 리딩은 비교적 복잡하고 광범위한 질문보다는 단순한 질문에 더욱 정확한 답을 줄 가능성이 높다.

**집을 팔기 위해 부동산에 내놓았는데 올해 안에 매매가 될까?** 

　①은 과거, ②는 현재, ③은 미래를 나타낸다.
　첫 번째 운명의 수레바퀴 카드는 과거에 집이 매매될 것 같다가 안 되는 상황이 반복되었음을 말해준다.

두 번째 여왕의 컵 카드는 현재 매입을 원하는 사람들이 매우 많다는 것을 말해준다.

마지막 왕의 동전 카드는 미래, 즉 올해 안에 반드시 집이 매매될 수 있음을 말해준다. 정리하면, 과거에는 집이 나갈 듯 말 듯했는데 현재 사려고 하는 사람이 자주 오고 있어서 조만간 거래가 성사될 것이다.

**그렇다면 언제쯤 집이 나갈까?**

앞서 3 카드 배열법으로 집이 팔릴 수 있다고 나왔으므로, 이제는 그 다음 질문인 언제 집이 나갈 수 있는지에 대한 답을 찾기 위해 바로 그 자리에서 12장의 카드를 배열하고 그 12장의 카드 중 적당한 카드를 답으로 선택한다.

만약 신년초에 타로점을 보았다면 카드를 배열한 순서대로 ①은 1월, ②는 2월, ③은 3월, ④는 4월, ⑤는 5월, ⑥은 6월, ⑦은 7월, ⑧은 8월, ⑨는 9월, ⑩은 10월, ⑪은 11월, ⑫는 12월이 된다.

연중에 타로점을 보았다면 점을 본 그 달부터 카드의 달을 헤아린다. 예를 들어 5월 4일에 점을 보았다면 ①은 5월, ②는 6월, ③은 7월, ④는 8월, ⑤는 9월, ⑥은 10월, ⑦은 11월, ⑧은 12월, ⑨는 1월, ⑩은 2월, ⑪은 3월, ⑫는 4월이 된다. 열두 장의 카드 중에서 ③과 ④가 동전 카드로 매매에 긍정적이다. ③과 ④가 각각 7월과 8월이므로 시간적으로 먼저인 7월에 원하는 가격으로 집을 매매할 수 있을 것이다.

## 4 카드 배열법

네 장의 카드를 순서대로 배열하는 방법으로, 3 카드 배열법과 마찬가지로 초보자도 쉽게 배울 수 있다. 질문에 대해 빨리 답을 구할 때 매우 유용하다.

왼쪽부터 오른쪽으로 차례대로 사계절을 나타내는 네 장의 카드를 배열한다.

①　②　③　④

 ①은 봄, ②는 여름, ③은 가을, ④는 겨울을 나타낸다.

먼저 봄에 해당하는 네 개의 동전 카드는 풍족하고 소유하는 의미인데, 결혼은 서로가 서로를 소유하는 것이므로 매우 좋다. 또한 가을에 해당하는 네 개의 지팡이 카드도 화합과 행복을 상징하므로 결혼식에 매우 잘 어울린다.

그러나 두 번째와 네 번째 카드는 결혼식에 대해 부정적인 암시가 있다. 여름에 해당하는 여섯 개의 컵 카드 역방향은 과거에 집착하거나 철이 없다는 의미로 결혼과 어울리지 않으며, 겨울에 해당하는 매달린 사람 카드 역방향 또한 멈추어 있는 상태이므로(정방향도 비슷한 의미다) 결혼식을 피하는 것이 좋다.

결론적으로 말해서 봄과 가을에 결혼식을 올리는 것이 좋다고 본다.

## 5 카드 배열법

『타로카드 초보탈출』에서는 다루지 않았지만, 앞서의 배열법과 마찬가지로 다섯 장의 카드를 순서대로 배열하여 과거, 현재, 미래를 좀더 세밀하게 알아볼 수 있다.

**Q** 남자친구와 크게 다투었다. 남자친구에게 먼저 연락을 해야 할까? 아니면 기다리면 연락이 올까?

①     ②     ③     ④     ⑤

 ①은 가장 먼 과거, ②는 가까운 과거, ③은 현재, ④는 가까운 미래, ⑤는 가장 먼 미래를 나타낸다.

첫 번째 죽음 카드 역방향은 오래 전 두 사람이 싸운 뒤에 시간이 조금 지났다는 것을 말해준다.

두 번째 힘 카드는 가까운 과거에 두 사람이 서로 견제하면서 주도권을 쥐려고 했음을 말해준다.

세 번째 악마 카드 역방향은 현재 서로 헤어질 수도 있음을 두려워하면서도 감정적으로 대립하고 있음을 말해준다.

네 번째 연인 카드는 조만간 좋은 관계로 회복될 것임을 말해준다.

마지막인 운명의 수레바퀴 카드는 또 다시 과거와 비슷하게 관계가 좋아졌다 나빠졌다를 반복하게 됨을 말해준다.

결론적으로 말해서 이 두 사람은 서로 다투면 감정의 골만 깊어지므로 싸움을 피하고 서로 이해하도록 노력해야 한다. 상대가 먼저 화해를 청하길 바라지 말고 자신 먼저 화해를 요청하는 것이 바람직하다.

가족과 함께 4박 5일 일정으로 해외여행을 떠나기로 했다. 여행을 무사히 다녀올 수 있을지 궁금하다.

①    ②    ③    ④    ⑤

 여행 일정이 4박 5일이고 모두 다섯 장의 카드를 사용하므로 카드 한 장에 하루씩 차례로 분석하면 된다.

첫 날은 죽음 카드인데 역방향이므로 원래의 부정적인 면이 조금 약해진다고 볼 수 있다. 실제로 이 날 이 가족에게 일어난 일을 보면, 비행기를 타려고 공항에 가다가 아들이 여권을 제대로 챙기지 않고 책상 위에 놓고 나오는 바람에 다시 집으로 돌아가는 사건이 있었다. 또한 공항에 도착해서는 기상 악화로 비행기 이륙이 한 시간이나 지연되는 어려움이 있었다. 이뿐만이 아니었다. 해외에 도착하면 친구가 마중을 나오기로 했는데 서로 의견 교환이 제대로 되지 않아 도착한 공항에서 두 시간 동안 기다려야 했다.

둘째 날은 태양 카드이다. 첫 날 힘든 출발을 한 것에 비해 이 날은 여행지의 상쾌한 환경과 아름다운 풍경 덕분에 여행 재미가 쏠쏠하였다.

셋째 날은 별 카드로 둘째 날과 비슷하게 가족들끼리 매우 유쾌하고 즐거운 하루를 보냈다.

넷째 날은 운명의 수레바퀴 카드로 오랜만에 해외여행을 하느라 그 동안의 긴장감과 피곤함이 쌓여서 평범한 하루를 보냈다.

마지막 날은 탑 카드로 가족들 모두 긴 여행 일정에 체력이 고갈되어 서로 짐을 줄이거나 작은 가방을 들겠다고 다투고, 돌아오는 비행기가 연착까지 해서 큰 불편을 겪었다.

① ② ③ ④ ⑤

첫 번째 달 카드는 두 사람이 처음 만날 당시 둘 다 다른 이성에게 마음이 있었고, 양다리를 걸치면서 저울질하고 있었음을 말해준다. 서로 신뢰 없이 시작된 만남이다.

두 번째 힘 카드는 역방향으로 이제까지 사귀면서 두 사람 모두가 서로를 벅찬 상대로 느꼈고, 만남이 지속될수록 힘들어했음을 말해준다.

세 번째 여왕의 동전 카드는 두 사람이 자신의 이익만 생각하고 손해 볼 생각이 없어서 강한 대립과 다툼이 이어졌음을 말해준다.

네 번째 기사의 지팡이 카드 역방향은 서로 인내의 한계를 느끼고 신뢰가 깨지기 시작해서 더 이상 화합하기 힘든 상태임을 말해준다.

다섯 번째 세 개의 검 카드는 더 이상 두 사람이 만남을 지속하기 힘들고 관계를 정리하는 것이 좋다는 암시이다.

## 6 카드 배열법

이 배열법은 여섯 장의 카드를 차례대로 배열하여 답을 구한다. 『타로카드 초보탈출』에서는 다루지 않았지만, 카드를 일직선으로 배열하는 선형 배열법(line spread)의 하나로 활용하기 쉽다.

타로카드 배열법은 1장만 배열하는 방법부터 78장을 모두 배열하는 방법까지 매우 다양하다. 게다가 타로 리더들이 계속하여 새로운 배열법을 만들어내고 있다. 이 중에서 어떤 배열법을 선택하든 타로 리더가 질문에 따라 적절하게 사용해야 한다. 다만, 전통적으로 많이 사용된 배열법이 새롭고 희귀한 배열법보다 타로 해석의 정확도가 높을 가능성이 많다.

 **직장을 옮기려고 생각중이다. 이직에 성공하고 새로운 회사에 잘 적응할 수 있을까?**

 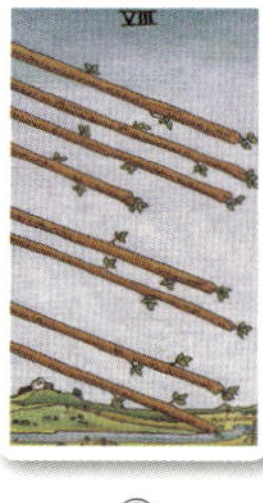    

①　　②　　③　　④　　⑤　　⑥

①은 회사에 대한 나(질문자)의 생각을 암시한다. 매달린 사람 카드가 질문자는 이제까지 회사에 대해 헌신적이고 희생적이었으며 최선을 다했음을 말해준다.

②는 질문자의 현재 행동을 보여준다. 여덟 개의 지팡이 카드이므로 질문자가 현재

업무적으로 의욕을 잃어버린 상태이며 그로 인하여 이직을 서두르고 있는데, 이것은 성급한 판단이고 경솔한 행동이다.

③은 현재 상황을 보여준다. 기사의 동전 역방향이므로 현재 거래처 또는 아는 회사가 질문자에게 좋지 않은 의도로 이직을 권유하고 있다.

④는 이직할 경우 그 회사 상황을 보여준다. 아홉 개의 지팡이 카드 역방향이므로 이직한 회사의 동료들이 질문자를 경쟁자로 여기거나 낙하산 인사로 판단하여 따돌리게 된다.

⑤는 이직한 회사 사장의 생각을 보여준다. 여왕의 검 카드이므로 회사 사장은 질문자를 적극적으로 밀어주고 신뢰한다.

⑥은 이직한 후 질문자의 생각을 보여준다. 여섯 개의 검 카드로 미루어 질문자는 이직 후 회사 동료들과 사이가 좋지 않고 환경에도 적응하지 못해서 떠나고 싶은 마음이 간절해질 것이다.

## 켈틱 크로스(Celtic Cross) 배열법

가장 많이 사용되며 대부분의 질문에 사용할 수 있는 배열법으로, 아일랜드 전역에 세워진 돌로 된 켈트(Celt) 십자가 형태에서 유래했다는 설명이 유력하게 받아들여진다. 질문자 또는 질문자의 내적인 소망 등을 암시하는 지시 카드는 타로 리더에 따라서 사용할 수도 있고 사용하지 않을 수도 있다. 지시 카드를 제외하는 경우에는 열 장의 카드를 배열한다.

남자친구의 어머니가 점집에 갔다 왔는데 궁합이 좋지 않다고 결혼을 반대하신다. 어떻게 하면 좋을까?

 ①은 질문의 요지, 즉 질문자의 현재 상황과 문제를 나타낸다. 여왕의 검 카드 역방향이 남자친구 어머니의 결혼 반대가 매우 강하다는 것을 말해준다.

②는 질문자의 현재 상황을 가로막는 장애물 또는 도와주는 상황을 나타낸다. 여왕의 동전 카드 역방향이 남자친구 어머니는 재물 욕심이 많고 여자 집안이 가난하다는 사실을 가장 큰 문제로 인식하고 있음을 말해준다.

③은 먼 과거를 나타낸다. 연인 카드이므로 처음 남자친구와 만났을 때 서로 즐거운 시간을 보냈다는 것을 말해준다.

④는 비교적 가까운 과거를 나타낸다. 운명의 수레바퀴 카드 역방향이 남자친구가 결혼에 대해 정확한 의사 표현 없이 시간을 끌었으며, 내내 무의미한 만남을 지속해왔음을 말해준다.

⑤는 겉으로 드러나는 가장 큰 문제나 상황을 나타낸다. 달 카드가 두 사람 사이에 감정의 골이 깊어지고 서로를 믿지 못하며 다른 생각을 가지고 있음을 말해준다.

⑥은 가까운 미래를 나타낸다. 일곱 개의 컵 카드이므로 질문자는 선택의 기로에 서게 된다.

⑦은 질문자 자신이 문제를 보는 시선이다. 두 개의 컵 카드 역방향이 질문자 스스로 두 사람이 서로 어울리지 않음을 인식하고 있다고 말해준다.

⑧은 현재 주변에서 질문자를 어떻게 생각하는지를 나타낸다. 일곱 개의 지팡이 카드 역방향으로 미루어 주위에서는 질문자가 너무 버겁고 힘든 상대를 만나지 않았나 걱정하고 있다.

⑨는 질문자의 심리 상태나 마음가짐을 나타낸다. 매달린 사람 카드가 질문자 스스로 할 수 있는 일이 전혀 없다고 생각하고 자포자기하고 있음을 말해준다.

⑩은 미래의 최종 결과와 문제의 해답을 보여준다. 탑 카드가 앞으로 계속 만나더라도 두 사람의 관계가 회복되기 어렵다는 것을 말해준다.

## 양자택일 배열법

둘 중에 무엇을 선택해야 할지 갈등할 때 사용하는 배열법으로 갈림길 배열법이라고도 불리며, 점치기 전에 반드시 선택 대상인 A와 B를 누구로(무엇으로) 할 것인지를 정해야 한다. 카드를 다섯 장 사용하는 방법과 여섯 장 사용하는 방법이 있는데, 후자는 과거와 현재와 미래의 상황을 살피는 점이 다르다.

**아침에 늦잠을 자서 학교에 늦었다. 빨리 등교해야 하는데 지하철이 좋을까? 택시가 좋을까?**

카드를 배열하기 전에 미리 A를 지하철, B를 택시로 정하였다.

①은 질문자의 현재 상황을 말한다. 악마 카드이므로 질문자는 현재 자신의 의지와는 전혀 상관 없이 악마의 손에 달려 있다. 그러므로 지각할 것인가 말 것인가는 지하철과 택시 둘 중 하나에 달려 있다. 또한 매우 불안하고 초조한 상태이다.

②는 질문의 대상인 A의 상황이며, ②의 결과는 ④를 보고 해석한다. ②가 심판 카드이므로 지하철을 타면 기사회생할 수 있음을 말해준다. 또한 ④가 여왕의 컵 카드이므로 시간에 늦지 않고 도착할 수 있음을 암시하고 있다.

③은 질문의 대상인 B의 상황이며, ③의 결과는 ⑤를 보고 해석한다. ③이 왕의 검 카드 역방향이므로 택시를 타면 빠르게 갈 수 있다고 생각되지만, ⑤가 탑 카드이므로 무너지는 탑이 암시하듯 학교에 늦어서 좌절감을 크게 느끼게 된다.



대학교 2학년 때부터 같은 과 남학생과 사귀어 3년 가까이 지났다. 그런데 우연한 기회에 고등학교 때 첫사랑 오빠를 만나서 고백을 받았다. 한 사람은 오랜 기간 사귄 사람이고, 한 사람은 계속 잊지 못하던 사람이라 망설이고 있다. 두 사람 중 누구를 선택해야 할까?

A는 지금 사귀고 있는 남자, B는 첫사랑 남자로 정하였다. 앞서 『타로카드 초보탈출』에서는 여섯 장의 카드를 두 장씩 세 줄로 나란히 배열했는데, 같은 배열법이라도 배열 형태가 달라질 수 있음을 설명하기 위해 여기서는 U자 형태로 배열하였다.

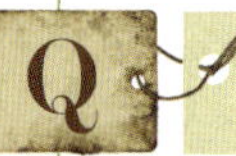 ①③⑤는 지금 사귀고 있는 남자 A에 대해 알려주고, ②④⑥은 첫사랑 남자 B에 대해 알려준다. 그리고 ①과 ②는 과거, ③과 ④는 현재, ⑤와 ⑥은 미래를 암시한다.

먼저 A와 질문자의 관계를 보자. ①은 과거 즉 만남을 시작할 때의 상황으로, 여섯 개의 컵 카드가 질문자는 과거 첫사랑의 상처를 잊기 위해 남자 B와 비슷한 A를 만나게 되었다고 말해준다. ③은 연인 카드 역방향으로 현재 질문자가 서서히 권태감을 느끼고 불만이 있으며 침체된 사랑을 하고 있다고 암시한다. ⑤는 에이스 컵 카드로 장차 두 사람이 결혼으로 이어질 수 있음을 암시한다.

다음으로 B와 질문자의 관계를 보자. ②는 여사제 카드로 질문자가 과거에 매우 순수하고 깨끗한 사랑을 했음을 암시한다. ④는 운명의 수레바퀴 카드로 현재 운명처럼 인연이 반복되면서 질문자가 흔들리고 있음을 말해준다. ⑥은 세 개의 컵 카드인데 애정운과 관련해서는 부정적이다. 즉 미래에 질문자가 첫사랑 남자에게 사랑의 배신을 당하게 된다고 암시한다.

결과적으로 질문자는 지금 사귀고 있는 남자 A에 대한 사랑을 믿고 흔들리지 않는 것이 좋다고 본다.


## 점성학 배열법

점성술의 12별자리와 그 상징성을 응용한 배열법으로 일반적인 문제뿐만 아니라 여러 가지 다양한 운세를 알 수 있다. 점성학 배열법은 카드를 배열하는 형태에 따라 마름모 배열법, 원형 배열법, 두 줄 배열법 등이 있다. 이 중에서 마름모 배열법은 모두 열세 장의 카드를 사용하는데, 열두 장의 카드는 별자리를 나타내고, 마지막 13번째 카드는 총운을 나타낸다.

**Q** 올 한 해 운세가 정신적으로는 어떠하며 금전적으로는 어떤지 구분하여 알고 싶다.

카드의 전체 흐름을 볼 때 ①부터 ⑥까지는 질문자의 정신적인 면을 보여주며, 대부분 긍정적인 카드로 이루어져 있다. ① 왕의 컵 카드는 정신적 기쁨과 행복이 최상의 상태이고, ② 왕의 동전 카드 역방향은 욕심이 많고 집착적이지만 스트레스는 없으며, ③ 기사의 지팡이 카드는 심리적으로 순수하고 평화로운 상태이며, ④ 연인 카드는 주위 사람들이나 연인과 행복한 관계를 유지하고 있으며, ⑤ 별 카드 역방향은 허황되고 허례허식에 빠져 있는 상태이고, ⑥ 두 개의 지팡이 카드는 정서적으로 안정되어 편안한 상태임을 말해준다. 결론적으로 질문자는 정신적으로 매우 여유롭고 풍요로우며 편안한 삶을 유지할 것으로 보인다.

⑦부터 ⑫까지는 질문자의 금전적인 면을 보여주며, 전체적으로 부정적인 카드로 이루어져 있다. ⑦ 기사의 동전 카드 역방향은 재물 손실이 생기며, ⑧ 죽음 카드는 재물이나 물질적인 면에서 최악의 상태이고, ⑨ 매달린 사람 카드 역방향은 잠시의 희망도 금세 사라져 어려움을 겪으며, ⑩ 다섯 개의 컵 카드 역방향은 아주 작은 희망은 있지만, ⑪ 여덟 개의 검 카드는 앞날이 막막하고 이루어지는 것이 없으며, ⑫ 네 개의 검 카드 역방향은 힘든 상황을 관리해야 하는 상황임을 말해준다. 전체적으로 질문자는 금전적으로 풍족하지 않고 여유가 없어서 힘들 것 같다.

⑬은 총운으로 올 한 해 긍정적인 면과 부정적인 면이 맞물려 반복되는 운세이다.

한 해의 운세를 볼 때에도 이 배열법을 사용한다. 카드를 배열한 순서대로 월을 세어 나가는 경우 ①은 1월, ⑫는 12월, ⑬은 총운으로 본다. 질문한 달로 보는 경우 예를 들어 2월에 점을 친다면 ①이 2월, ②가 3월이 되고 나머지 카드도 순서대로 달이 정해진다.

## 건강 배열법

사주명리학의 오행과 타로카드를 접목한 배열법으로, 신체 부위별로 카드를 배열한 다음 좋지 않은 카드가 나오면 그 부위의 건강이 나쁘다고 판단한다. 오행에 맞추어 카드를 다섯 장 배열하는 방법 그리고 신체를 머리, 상체, 하체로 나누어 각 부위에 세 장의 카드를 배열하는 방법이 있다.

**Q** **요새 몸이 안 좋은데 건강이 어떤가?**

다섯 장의 카드를 일렬로 배열하고 순서대로 오행 목화토금수(木火土金水)를 배정한다. 이 중에서 가장 안 좋은 카드의 오행이 나타내는 장기에 문제가 있다고 본다.

**A** ①은 목(木)으로 간, 담, 뼈를 나타내고 산부인과, 비뇨기과와 관련된다. 여왕의 지팡이 카드이므로 건강하다. 간혹 이 카드의 키워드 대신 연상법으로 지팡이를 들고 앉아 있는 모습을 보아 다리가 불편하다고 해석하는 경우도 있다.

②는 화(火)로 소장, 심장, 혈관을 나타내며 순환기 계통과 안과 질환 및 정신 질환과 관련된다. 열 개의 동전 카드이므로 매우 건강하다.

③은 토(土)로 비장, 위장, 비뇨기과와 산부인과와 관련된다. 역시 태양 카드이므로 매우 건강하다.

④는 금(金)으로 대장, 폐, 뼈, 우울증을 나타낸다. 여덟 개의 검 카드가 현재 건강에 문제가 있음을 암시한다.

⑤는 수(水)로 비뇨기, 산부인과, 우울증, 불면증을 나타낸다. 아홉 개의 검 카드가 현재 건강하지 않다고 암시한다. 병원에 가서 의사에게 진료를 받고 검사해볼 필요가 있다.

**어머니가 건강이 좋지 않다. 어디에 문제가 있을까?**

세 장의 카드를 아래에서부터 위로 배열하고 각각 하체, 상체, 머리를 배정한다. 카드의 키워드가 부정적이면 해당 신체 부위에 이상이 있다고 판단한다.

①은 하체(다리), 비뇨기, 자궁을 나타낸다. 별 카드이므로 건강하다.

②는 복부와 상체를 나타낸다. 아홉 개의 컵 카드이므로 건강하다.

③은 목과 머리 부분이다. 악마 카드가 건강에 이상이 있음을 암시한다. 병원에서 자세한 진찰을 받기를 권한다.

## 방향 배열법

동서남북 네 방향 중에서 어디를 선택할지 궁금할 때 사용하는 배열법이다.

**이사를 어느 방향으로 가야 할까?** 

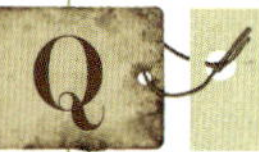 ①은 중앙, ②는 동쪽, ③은 서쪽, ④는 남쪽, ⑤는 북쪽을 나타낸다.

①이 에이스 동전 카드이므로 이사하지 말고 현재 사는 곳에 그대로 있는 것도 좋다. 꼭 이사를 해야 한다면 세계 카드가 위치한 동쪽이 좋다.

하지만 서쪽은 무관심과 의욕 부족을 의미하는 네 개의 컵 카드가 있으므로 부정적이다. 남쪽과 북쪽 역시 각각 검 카드가 위치하므로 이사하기에 부정적이다.

방향 배열법에서 사용하는 카드의 수와 카드를 놓는 방법은 타로 리더의 편의상 여러 가지로 달라질 수 있다. 앞서 『타로카드 초보탈출』에서는 다섯 장의 카드를 시계방향 순서대로 배열했다면, 여기에서는 동서남북 순서대로 배열하였다. 같은 배열법 안에서도 카드를 배열하는 순서가 달라질 수 있음을 설명하기 위해 변화를 주었다. 하지만 카드가 놓여진 위치의 의미(방향)는 달라지지 않는다. 카드를 여덟 장 사용하는 경우에도 동서남북 방향은 달라지지 않는다.

## 피라미드(Pyramid) 배열법

열 장의 카드를 피라미드 모양처럼 네 줄로 배열하며, 탑 배열법이라고도 한다. 일반적인 질문에 대한 답을 찾을 때 사용한다.

이 배열법 또한 다른 배열법과 마찬가지로 타로 리더가 자신의 생각에 따라 카드를 배열하고 해석할 수 있다. 따라서 배열한 형태가 같아도 카드를 기존의 배열법과 달리 해석할 수 있다. 예를 들어 맨 아래에 놓는 네 장의 카드 ①②③④는 과거, 그 위에 놓는 세 장의 카드 ⑤⑥⑦은 현재, 다시 그 위에 놓는 두 장의 카드 ⑧⑨는 미래, 맨 위에 놓는 ⑩은 결과로 해석할 수 있다. 하지만 이와 다르게 ①②③④를 현재, ⑤⑥⑦을 문제점 또는 장애물, ⑧⑨를 해결 방법, ⑩을 결과로 해석할 수도 있다. 이 밖에도 타로 리더에 따라 수없이 많은 해석이 가능하다.

**Q**   유부녀인데 현재 사귀고 있는 애인과 관계를 끝내고 싶다. 가능할까?

⑩

⑧

⑤

⑥

⑨

⑦

①

②

③

④

여기에서는 ①②③④를 현재 상황, ⑤⑥⑦을 문제점, ⑧⑨를 해결 방법, ⑩을 결과로 본다.

먼저 현재 상황을 보자. ①은 악마 카드로 남자친구가 질문자에게 엄청나게 집착하고 있어서 구속에서 벗어나지 못하고 있음을 말해준다. ②는 아홉 개의 검 카드 역방향으로 질문자가 남자친구와 사귀고 있는 현재 상황에 대해 심각하게 고민하고 있음을 말해준다. ③은 여섯 개의 컵 카드 역방향으로 질문자가 지나치게 과거에 집착하고 어릴 적 순수함에서 벗어나지 못하고 있음을 말해준다. ④는 죽음 카드로 질문자가 세상을 버리고 싶은 충동으로 가득 차 있음을 말해준다.

다음으로 질문자의 문제점 또는 장애물을 보자. ⑤는 에이스 컵 카드 역방향으로 질문자의 감정, 정서가 매우 흐트러져 있고 고통이 심한 상태임을 말해준다. ⑥은 에

이스 지팡이 카드 역방향으로 잘못된 모험 때문에 고통이 심한 상태임을 말해준다. ⑦
은 달 카드 역방향으로 바람둥이 기질과 욕망을 버리지 못하는 문제점을 말해준다.

이어서 해결 방법을 보자. ⑧은 일곱 개의 지팡이 카드 역방향으로 의지가 약하고
방어가 부족하다는 것을 말해준다. 질문자가 적극적인 태도로 극복하지 않으면 현재
상태에서 벗어나기 힘들다. ⑨는 아홉 개의 지팡이 카드 역방향으로 장애물이 있고 극
복하기 힘든 고통이 따르므로 적극적인 대처가 필요하다고 말해준다.

마지막으로 결과를 보자. ⑩은 소년의 동전 카드로 현실적 타협, 물질적 타협을 하
고 두 사람이 힘들게 헤어지게 될 것을 말해준다.

## 12 카드 배열법

이 배열법은 메이저 카드 1번부터 12번까지 열두 장, 또는 마이너 카드 에이스에서
10번까지와 소년을 11번으로, 기사를 12번으로 하여 열두 장만을 사용하며 카드의 키
워드는 생각하지 않고 숫자로만 해석한다. 열두 장을 섞은 후 무작위로 나열하여 질문
자가 한 장을 뽑는다. 뽑은 카드의 숫자가 바로 해당되는 달이다.

**몇 월에 결혼식을 올리면 좋을까?**

기본적으로 열두 장의 카드를 왼쪽부터 오른쪽으로 순서대로 배열하지만, 카드를
펼칠 공간이 부족할 경우 여섯 장씩 두 줄로 배열할 수도 있다.

①은 1월, ②는 2월, ③은 3월, ④는 4월, ⑤는 5월, ⑥은 6월, ⑦은 7월, ⑧은 8월, ⑨
는 9월, ⑩은 10월, ⑪은 11월, ⑫는 12월을 나타낸다.

 뽑은 카드의 숫자월에 결혼식을 올리면 된다. 예를 들어 ⑦을 뽑았다면 7월에 결혼식을 올리면 되고, ⑩을 뽑았다면 10월에 결혼식을 올리면 된다.

다른 배열법과 달리 이 배열법은 카드의 키워드와는 상관 없이 숫자만 보기 때문에 예로 든 열두 장의 카드에는 각각 번호만 매기고 그림은 비워놓았다.

이 배열법은 일년 열두 달의 신수나 봄 · 여름 · 가을 · 겨울의 계절별 운세를 볼 때에도 활용할 수 있다. 일년 신수의 경우 열두 장의 카드를 일렬로 늘어놓고 첫 번째 카드를 1월로 정하고 순서대로 세어 나간다. 또한 계절별 운세의 경우 열두 장의 카드를 한 줄로 배열하거나 세 장씩 네 줄로 배열하여 ①②③은 봄, ④⑤⑥은 여름, ⑦⑧⑨는 가을, ⑩⑪⑫는 겨울로 배정한다.

# 2

# 타로와 상담심리

## 1. 상담심리에 대한 이해

동양의 주역과 마찬가지로 타로의 역할은 사람들에게 미래를 알려주는 것이다. 이것은 누군가의 인생을 알려주는 중요한 일이므로 기본적으로 그 사람을 이해하고 그 사람의 마음(심리)을 읽을 수 있어야 한다. 점술 자체에 집중하여 족집게처럼 알아맞히는 것보다 질문자의 마음을 이해하여 조언하고 상담해주어야 한다. 이러한 인식이 싹트면서 타로를 비롯한 현대의 점술과 운명학은 사람의 마음을 상담하는 상담심리 분야로 확대 발전하고 있다.

상담심리는 동양보다는 서양에서 체계적·전문적으로 발전해왔다. 동양에서는 주로 불교의 마음 수련이나 역학의 운명 감정에 상담이 활용되었지만, 아쉽게도 이론적인 체계를 갖추지 못하였다. 반면 서양에서는 심리학 자체가 상당한 발전을 이루었고, 성격·진로·직업·적성 등 다양한 상담에 활용하기 위해 사람의 심리를 분석한다. 현대에 들어와서 사주나 성명학 분야에서 상담이 필수적으로 자리잡으면서 상담심리가 자연스럽게 받아들여지고 있지만 아직까지는 갈 길이 멀다.

저자는 사주명리학, 성명학, 주역 그리고 타로 등의 운명학과 점술을 통계화·과학화·체계화하는 데 많은 관심을 가지고 노력하고 있다. 아직은 미흡하지만, 이들 분야에 상담과 심리 이론을 결합시켜 학문적으로 자리잡을 수 있게 한 발짝 한 발짝 내딛고 있다.

타로 리더는 상담을 통해 질문자에게 조언자의 역할을 해야 한다. 전문가 수준은 아니어도 기본적인 상담 지식이 있으면 질문자의 심리를 파악하는 데 큰 도움이 될 것이다. 주요 상담이론으로는 정신분석 상담이론, 인간중심 상담이론, 인지행동 상담이론 등이 있다. 상담이론은 매우 방대하여 여기에서 모두 설명하기는 어려우므로 일반적으로 가장 널리 알려진 정신분석 상담이론, 그 중에서도 지그문트 프로이트(Sigmund Freud)의 정신분석 이론 그리고 칼 구스타프 융(Carl Gustav Jung)의 분석심리 이론을 중심으로 설명한다.

상담을 한다는 것은 연구와 임상과 통계를 통해 전문적인 상담을 제공하는 것만이 아니다. 상담을 통해 질문자의 마음을 이해하고 미래에 희망을 주어야 한다. 이를 위해 타로 리더는 점술이나 운명학이 사람의 미래를 책임질 수 있다는 지나친 기대나 믿음을 버리고 먼저 사람을 보고 그 사람의 이야기에 귀를 기울여야 한다.



### 1) 지그문트 프로이트

지그문트 프로이트(1856~1939)는 오스트리아의 정신과 의사이자 철학자이며 정신분석학파의 창시자로, 인간의 무의식 세계를 밝혀내기 위해 노력하였다. 1896년에 정신분석(psychoanalysis)이란 용어를 처음으로 사용하였고, 최면 대신에 어떤 말을 주고 곧 생각나는 말을 반응시키는 자유연상 기법을 활용하는 심리 치료를 최초로 도입하였는데 이것이 정신분석 이론의 출발점이 되었다고 평가받는다. 또한 프로이트는 꿈의 분석으로 유명하다. 억압된 욕구나 본능적 욕구 등은 꿈으로 나타나는데, 프로이트는 이 꿈들을 분석하여 내담자의 문제를 파악하였다.

프로이트의 정신분석 이론은 인간의 마음을 심층적으로 연구하여 심리 문제의 근본원인을 분석하고 치유하는 상담 방법으로, 내담자의 어린 시절부터 성장하면서 겪는 모든 삶에 관심을 둔다. 특히 프로이트는 인간이 태어날 때부터 갖고 있는 본능 에너지인 리비도(libido)가 신체 부위를 이동하는 데 따라 발달 단계를 구강기, 항문기,

남근기, 잠복기, 성욕기로 구분하였다. 처음 세 단계에서는 자신의 신체 부위에서 만족을 추구하므로 전성욕기(pregenital stage)라고 하고, 그 다음 두 단계에서는 특정 신체 부위가 아니라 이성관계 등 사회적 활동을 통해 만족을 추구하므로 성욕기(genital stage)라고 한다.

한편 20세기말에 심리학 분야가 발전하면서 프로이트 이론에서 여러 가지 결함이 드러났지만, 프로이트의 방법과 관념은 임상 정신역학 분야에서 중요한 위치를 차지하고 있다. 그의 이론은 인문과학과 일부 사회과학에 계속 영향을 주고 있다.

프로이트 심리학의 주요 개념을 간략하게 소개하면 다음과 같다.



### ① 원초아(Id)

자아(Ego), 초자아(Super-Ego)와 더불어 인간 정신의 근간이 되는 요소이자 영역이다. 도덕, 선악, 논리적 사고가 존재하지 않는 인간 최초의 본능과 본성을 지닌 영역으로, 쾌락의 원리에 따른 인간의 식욕, 성욕, 수면욕 등의 본능적 욕구가 자리잡고 있다. 원초아의 본능적 욕구가 곧바로 만족되면 쾌락이 증대되고, 반대로 본능적 욕구가 충족되지 못하거나 늦게 충족되면 매우 강한 불쾌감이나 긴장감을 경험하게 된다.

인간은 누구나 태어날 때에는 원초아의 상태이지만, 성장하면서 원초아의 일부가 다른 세계(다른 사회)와 접촉, 교류, 진화하면서 자아와 초자아가 새롭게 형성된다.

### ② 자아(Ego)

원초아에 담긴 내적인 본능적 욕구들과 외적인 현실세계를 중재하고, 원초아의 욕구들을 억누르거나 방어하여 인간을 이성을 가진 자기 통제가 강한 인간으로 만드는 정신적 구성 요소를 말한다. 사람들이 흔히 '자기(self)'라고 생각하는 정신 영역이다. 자아에 의해 인간은 합리적으로 욕구를 충족시킬 수 있는 방법을 찾는다. 누구든 인간의 마음 속에는 본능적 욕구인 쾌락을 지향하는 원초아와, 현실을 이해하고 통제하는 자아의 경쟁과 갈등이 팽팽하게 전개되고 있다.

### ③ 초자아(Super-Ego)

자아와 함께 정신을 구성하는 것으로 쉽게 말해 양심이라고 보면 된다. 원초아로부터 오는 충동이나 자아의 활동을 감시하고 통제하며 억압한다. 대체적으로 무의식적인데, 어릴 적 부모의 영향을 통해 나타난 윤리적이고 도덕적인 가치관과 사회적 규범인 도덕, 규범, 가치 등으로 볼 수 있다. 초자아에 의해 인간은 옳고 그름을 판단하고, 부정적이거나 잘못된 행동에 대해 죄책감이나 수치심을 가지게 된다.

### ④ 의식

사람의 마음에 담겨 있는 것 중에서 스스로 인식하고 있는 것을 말한다.

### ⑤ 무의식

의식과 반대로 사람의 마음에 담겨 있는 것 중에 스스로 인식하고 있지 못하고 있는 것을 말한다.

### ⑥ 정신적 결정론

인간의 외적인 행동이나 감정 또는 생각은 정신 내적인 무의식에 의해 결정된다는 이론이다.

### ⑦ 방어기제

자아를 위협받는 인간이 무의식적으로 자신을 속이거나 상황을 다르게 해석하여 감정적 상처로부터 스스로를 보호하기 위한 심리나 행위를 말한다. 하지만 갈등 상황 자체를 변화시키는 대신 자신을 속이고 관점만을 바꾸는 방법을 주로 사용하다 보면 오히려 사회생활에 적응하지 못하게 되는 부정적 결과로 이어질 수 있다. 방어기제는 여러 가지가 있으며 주로 부정, 억압, 합리화, 투사, 승화 등의 방법이 일반적이다.

• **부정** : 외적인 상황을 감당하기 어려울 때 일단 그 상황을 거부하여 심리적인 상처를 줄이고

보다 효율적으로 대처하도록 돕는 방법이다. 이러한 상황은 미처 예상하지 못했던 극단적인 경우에 잘 나타난다. 예를 들어, 너무나 사랑했던 부모나 형제, 배우자, 자식 등의 죽음이나 배신을 인정하지 않고 살아 있다고 생각하거나 절대로 자신을 배신하지 않았을 것이라고 믿는 것을 말한다.

- **억압** : 불쾌한 경험이나 받아들여지기 어려운 욕구, 반사회적인 충동 등을 무의식 속으로 몰아넣거나 생각하지 않도록 억누르는 방법이다. 자신이 겪은 일인데도 고통과 충격이 매우 강하고 상처가 크면 의식으로 나타내지 못하고 무의식 속으로 억누르게 된다. 기억상실증이 여기에 해당한다. 억압은 자신의 의지와는 상관 없이 무의식적으로 일어나므로 의도적인 망각과는 차이가 있다.

- **합리화** : 상황을 그럴 듯하게 꾸미고 사실과 다르게 인식하여 자아가 상처받지 않도록 정당화시키는 방법이다. 이러한 방법은 스스로 인정하기 어려운 상황을 자신도 의식하지 못하는 사이에 그럴 듯한 이유를 붙여서 자존심을 다치거나 죄책감을 느끼는 것에서 벗어나게 해준다. 합리화는 대부분 자신이 간절히 바라는 어떤 것을 이루기 어려울 때 그것의 가치를 낮추는 것과, 인정하고 싶지 않은 것을 인정해야만 할 때 그것의 가치를 높이는 두 가지 경향으로 나타난다. 또한 무의식적으로 일어나므로 거짓말이나 변명과는 다르다.

- **투사** : 자신의 감정이나 동기를 다른 사람에게 돌려서 어려움에 대처하는 방법이다. 정신적 스트레스가 심한 사람들에게 많이 나타나는 증세로, 본인이 화가 나서 성질을 내거나 폭력을 사용하고는 오히려 상대방이 화를 냈다거나 폭력을 사용했다고 생각하는 것을 말한다. 투사는 자신의 욕구나 문제를 올바로 깨닫는 대신 다른 사람이나 주변을 탓하고 진실을 감추어 현실을 왜곡시키므로 바람직하지 않다.

- **승화** : 반사회적 충동을 사회가 허용하는 방향으로 나타내는 방법이다. 예를 들어, 성적 충동은 누드를 그린다거나 관능적인 춤을 추는 것 등을 통해서 사회가 인정하는 방식으로 표현될 수 있다. 또한 공격적인 충동은 권투나 야구, 축구와 같은 공격적인 스포츠를 통해 표현될 수 있다.

- **취소** : 동생이 부모의 사랑을 독차지하는 것이 질투나서 동생을 때린 후 부모에게 꾸중을 들을까봐 동생을 꼭 안아주고 뽀뽀하는 등의 행동으로, 자신의 잘못된 행동을 자신이 취소하

는 행동을 말한다.

- **반동 형성**: 금지된 충동을 억제하기 위하여 그 반대의 경향을 강조함으로써 스스로 수용하기 어려운 충동을 제어하려는 심적인 태도 또는 습성을 말한다. 쉽게 말해서 억압된 충동과 반대의 태도를 보이는 것이다. 예를 들어 상대방을 증오하면서도 그러한 마음을 들킬까 두려워서 지나치게 친절한 태도를 보이는 경우가 있다.

### 2) 칼 구스타프 융

칼 구스타프 융(1875~1961)은 스위스의 정신의학자, 심리학자이다. 프로이트와 학문적으로 교류하며 그의 심리학에 영향을 받았지만, 정신 현상을 성욕에 귀착시켜 설명하는 프로이트에 반대하다가 결별하고 자신만의 학문적 탐구와 성과를 만들어 갔다. 융은 자신의 이론을 프로이트의 '정신분석학'에 대비하여 '분석심리학'이라고 하였다. 프로이트가 '개인 무의식'을 밝혀내는 데 치중했다면, 융은 보편적이고 원초적인 차원의 '집단 무의식'이 있다고 보았다.

융은 인도와 중국 등 아시아를 여행하면서 연금술, 점성술, 예언, 텔레파시, 요가, 꿈, 무속, 종교, 환상 등을 다양하게 연구하였고 그것들로부터 상담심리, 또는 정신분석에 대한 연구로 확장해 나갔다. 또한 인도와 북아프리카 등지를 여행하면서 유럽 이외의 문화와 사상에 대한 관심을 넓혔고, 그것을 바탕으로 사람의 심층 심리에는 단순히 개인적인 것뿐만 아니라 오랜 집단생활에 의한 집단 무의식이 깊이 자리잡고 있음을 밝혀냈다.

분석심리학에 의하면, 우리가 정신적으로 건강해지기 위해서는 의식과 무의식이 조화를 이루어야 하지만 개인은 사회생활을 하면서 사회가 원하는 모습, 즉 '페르소나'를 취하게 된다. 이 과정에서 우리의 다른 인격적 측면이 무의식 속에 억압되면 그렇게 억압된 만큼의 보상을 치러야 한다. 즉, 이렇게 의식과 무의식의 관계에서 균형이 깨지면 히스테리와 정신질환 같은 문제가 발생한다.

융의 분석심리학에서 주요 개념을 간단하게 정리하면 다음과 같다.

### ① 정신

융은 전체로서의 인격을 정신(psyche)이라고 부른다. 정신은 의식적, 무의식적인 모든 생각과 감정과 행동을 포함하며, 생리적 충동에 예속되지 않는 독자적인 실체이다.

### ② 무의식

개인 무의식과 집단 무의식으로 구분된다. 개인 무의식은 한 개인이 어릴 때부터 쌓아온 의식화되기 쉬운 경험이나 감각 경험으로 구성되며, 이것이 무의식 속에 억압되어 그 사람의 생각, 감정, 행동에 영향을 미치게 된다.

반면에 집단 무의식은 개인적 경험이 아니라 인류가 역사와 문화를 통해 공유해온 모든 정신적 자료의 저장소이다. 예를 들어 특정 민족에게 전해 내려오는 신화, 민속, 예술 등이 나타내는 주제에는 그 민족의 집단 무의식이 자리잡고 있다.

### ③ 원형(arche type)

아키타입 즉 원형은 인류 역사를 통해 물려받은 정신적 소인으로, 집단 무의식 속에 존재하는 형태를 가진 이미지 또는 심상을 말한다. 융의 분석심리학에서 성격을 구성하는 주요 요소이다.

융은 정신분열환자의 환각이나 망상이 정상인의 꿈이나 공상, 신화나 옛날이야기 등과 이미지나 주제와 유사성이 매우 크다는 사실에 주목하였다. 그리고 이와 같은 유사성이 시대나 문화의 차이를 초월하여 보편성을 가지는 것은 인류 공통의 보편적 무의식이 존재하기 때문이라고 생각하였다. 융이 중시한 원형에는 페르소나, 아니마와 아니무스, 그림자, 자기 등이 있다.

- **페르소나(persona)** : 환경의 요구에 조화를 이루려고 하는 적응의 원형으로, 다른 사람의 눈에 비치는 모습이자 본인의 실제 성격과는 다른 모습이다. 사람들은 페르소나를 통해 타인과 관계하면서 좋은 인상을 주거나 자신을 은폐시킨다. 페르소나는 인물(person)과 성격(personality)이라는 말에서 유래했으며, 고대 그리스의 연극에서 배우들이 자신의 특정한 역

할을 하기 위해 썼던 가면을 말한다.

- **아니마(anima)와 아니무스(animus)** : 아니마는 무의식에 존재하는 남성의 여성적 측면을 말하고, 아니무스는 그와 반대로 무의식에 존재하는 여성의 남성적인 측면을 말한다. 쉽게 말해 남성이 여성적인 특성을 가지면 아니마, 여성이 남성적인 특성을 가지면 아니무스이다.

  융은 인간의 무의식 속에 독자적 인격이라 할 만한 내적 인격이 존재한다고 보았다. 나아가 남성의 무의식 속 내적 인격은 여성적 속성을 띠고, 반대로 여성의 무의식 속 내적 인격은 남성적 속성을 띠게 된다고 설명하였다.

  아니마와 아니무스는 서로 배척하고 대립되는 관계가 아니라 상호보완적으로 발전해야 한다. 인격적으로 성숙해지기 위해서 남성은 자신의 내부에 잠재해 있는 여성적 측면(사랑)을 이해하고 개발해야 하며, 여성 또한 자신의 내부에 있는 남성(이성)을 이해하고 개발해야 한다. 참고로 40세 이후에 중년 여성이 남성적인 성격을 띠게 되고, 반대로 40세 이후의 남성이 여성적인 성격을 띠는 것이 바로 아니마와 아니무스의 예이다.

- **그림자** : 인간은 밝고 긍정적인 면과 어둡고 부정적인 면을 모두 가진 양면성의 존재이다. 이 중에서 그림자는 인간의 어둡거나 사악한 측면을 나타내는 원형의 형태로, 사회적으로 비난받는 생각, 감정, 행동을 일으키는 원인이다. 하지만 밝은 면, 즉 긍정적인 면도 그림자의 영역에 포함될 수 있다. 그림자는 사회가 나쁘다고 생각하는 측면이 있기도 하지만, 어떤 면에서는 생명력, 자발성, 창조성의 원천이 되기도 한다.

- **자기(self)** : 자기는 전체적인 관점으로 성격의 조화와 통합을 위해 노력하는 원형으로, 모든 의식과 무의식의 실체이다. 자기는 인생에서 가장 결정적인 변화 시기인 중년기에 나타난다. 이는 인간의 자기 실현이 자신에 대한 정확한 인식과 미래의 계획 및 목표를 수반하기 때문이다.

### ④ 리비도(libido)

융의 분석심리학과 프로이트의 정신분석학의 기본적인 차이는 리비도와 관련된다. 프로이트는 리비도를 성적 에너지라고 주장했고, 융은 일반적인 생활 에너지(마음의 에너지)로 확장시켜 설명했

다. 융은 리비도가 자기의 외부 대상으로 향하는 경향이 있는 사람은 외향형으로서 정
서의 표현이 활발하고 사교적이며 통솔력이 있다고 설명하였다. 반대로 내향형인 사
람은 리비도가 내면으로 향하여 생활의 주관적인 면을 중시하고 내성적이며 사려가
깊지만, 결단력이 부족하고 고독을 즐기는 경향이 있다고 하였다. 하지만 내향과 외향
의 두 경향은 누구에게서나 공존하는 것으로, 둘 중 어느 한쪽이 우세하면 그 유형으
로 기울게 된다.

## 2. 상담심리를 응용한 타로 배열법

정신분석학의 대표적 학자인 프로이트와 융의 이론을 응용하여 타로를 배열하고
해석하는 방법이다.

### 1) 3 카드 배열법

이 배열법은 카드를 순서대로 세 장 배열하는 간단한 방법으로, 프로이트의 이론인
원초아, 자아, 초자아를 설명한다.

- ①은 원초아(Id)로 쾌락의 원리에 따른 본능적인 욕구들을 보여준다.
- ②는 자아(Ego)로 원초아의 본능적 욕구와 외부의 현실세계를 중재하는 정신적

인 구성요소를 보여준다.

- ③은 초자아(Super-Ego)로 부모의 영향에 따라 형성된 이상적이고 도덕적인 가치관을 보여준다.

①은 아홉 개의 지팡이 카드이다. 원초아에 아홉 개의 지팡이 카드가 있으므로 잠재된 상처가 있음을 암시한다. 부모가 돌아가셨거나 부모의 이혼, 폭력 등으로 상처를 받았거나, 이성관계에서 아픔 등을 겪을 수 있다.

②는 다섯 개의 동전 카드이다. 자아에 다섯 개의 동전 카드가 있으므로 정신적 구성요소가 제자리를 잡지 못하고, 자신이 원하는 바를 찾지 못하며 계속 놓치고 있음을 암시한다.

③은 열 개의 지팡이 카드이다. 초자아에 열 개의 지팡이 카드가 있으므로 과거와 현재에 가지고 있는 아픔들을 미래에도 짊어지고 가는 것을 암시한다.

### 2) 5 카드 배열법

이 배열법은 카드를 나란히 다섯 장 배열한 후 각각의 카드에 프로이트의 다섯 가지 성장단계를 적용하여 그 사람의 심리적, 성적 발달을 설명한다.

- ①은 구강기 즉, 생후 12~18개월 전후에 성적 욕구가 구강(입술과 혀) 등에 집중되는 시기의 성장과정을 보여준다.
- ②는 항문기 즉, 생후 만 3세 전후에 성적 욕구가 항문에 집중되는 시기의 성장과정을 보여준다.
- ③은 남근기 즉, 생후 만 5세 전후에 성적 욕구가 성기에 집중되는 시기의 성장과정을 보여준다.
- ④는 잠복기 즉, 생후 만 6~12세 전후에 성적 욕구가 잠복되어 있는 시기의 성장과정을 보여준다.
- ⑤는 성욕기 즉, 사춘기인 12세 이후로 성적 욕구가 정상적인 성욕으로 통합하는 시기이며, 정서적 해방과 독립을 추구하는 심리적 이유기이다.

예

①은 죽음 카드이다. 질문자는 구강기에 부모가 맞벌이로 바빠서 할머니가 돌본 적이 많았다. 정신적으로 두려움과 황폐함이 있다.

②는 다섯 개의 지팡이 카드 역방향이다. 항문기에 부모 사이에 갈등이 심하여 질문자는 심리적으로 매우 혼란스러운 시기였다.

③은 여덟 개의 컵 카드이다. 따라서 질문자는 남근기에 외롭고 쓸쓸한 감정이 잠재되어 있었다.

④는 에이스 지팡이 카드이다. 따라서 잠복기인 만 6~12세 사이에 조금씩 성장해 가면서 부모의 금슬이 좋아지고 더불어 질문자도 심리적으로나 정서적으로 안정을 찾게 된다.

⑤는 태양 카드이다. 따라서 성욕기, 즉 사춘기 이후에 친구들과 원만한 교우관계를 유지하고, 미래에 대한 희망찬 꿈을 가지고 학업에 열중하거나 본인의 일을 충실히 해낸다.


### 3) 8 카드 배열법

이 배열법은 융의 네 가지 성격유형 이론을 바탕으로 하며, 카드를 두 장씩 네 줄로 모두 여덟 장을 배열하여 한 사람이 가지고 있는 대립적인 기질을 판단한다.

먼저 융은 사람의 성격을 외향형과 내향형으로 나누고, 외향형인 사람은 외부 세계를 지향하므로 대인관계가 솔직하고 사교적이며 다른 사람과 직접적·활동적으로 교제를 하지만, 내향형인 사람은 내부 세계를 지향하므로 대인관계가 소극적이고 주관적이며 위축되어 있다고 보았다. 융은 또한 어떻게 인식하는가에 따라 감각형과 직관형, 무엇으로 결정하는가에 따라 감정형과 사고형, 어떤 생활양식을 채택하는가에 따라 인식형과 판단형으로 구분하였다.

이렇게 구분된 4가지의 선호경향은 우리에게 잠재되어 있는 선천적인 심리 경향을 말하며, 각 개인은 자신의 기질과 성향에 따라 각각 4가지의 한쪽 성향을 띠게 된다.

일반적으로 널리 알려진 MBTI(마이어브릭스 성격 진단 또는 성격유형 지표라고도 한다)가 바로 융의 심리 유형론을 근거로 하는 심리 검사이다.

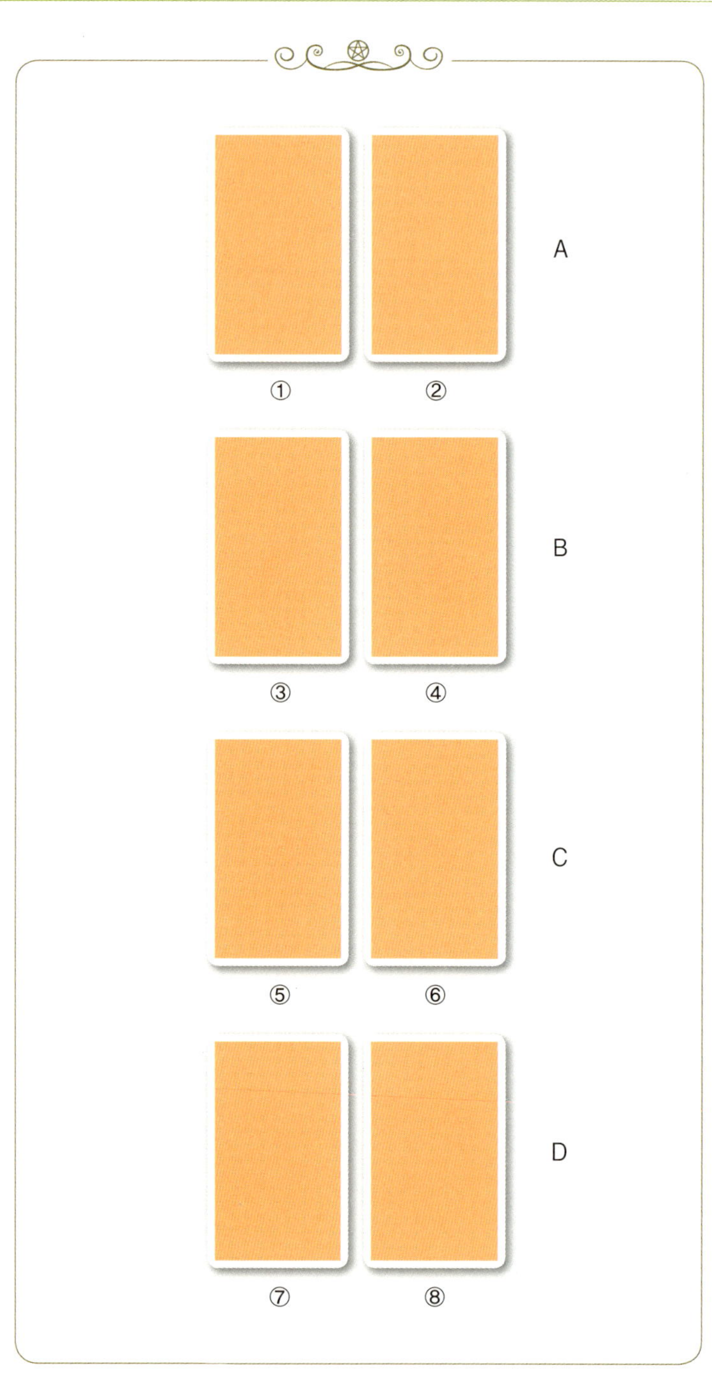

①
②
A
③
④
B
⑤
⑥
C
⑦
⑧
D

- A의 ①은 내향형, ②는 외향형을 나타낸다.
- B의 ③은 직관형, ④는 감각형을 나타낸다.
- C의 ⑤는 판단형, ⑥은 인식형을 나타낸다.
- D의 ⑦은 사고형, ⑧은 감정형을 나타낸다.

여기에서는 간략하게 카드를 두 장만 배열하여 내향성과 외향성만 알아본다. 다른 성격유형도 이와 같은 방식으로 해석하면 된다.

①은 은둔자 카드이다. 은둔자 카드가 나왔으므로 질문자는 매우 내향적이며 혼자 있기를 좋아하고 사색을 좋아한다.

②는 세 개의 검 카드이다. 심장에 칼이 꽂혀 있는 모습에서 외향성을 찾아보기 힘들다. 질문자는 세상 속에서 상처를 많이 받아 자신을 드러내기 싫어하고, 매우 침체되어 있으며 우울증에 빠져 있다. 빨리 세상 밖으로 나와서 적응해야 한다. 정신적으로 매우 지쳐 있는 상태로 보이므로 정신과 치료를 병행하여 자신의 삶을 외향적으로 이끌어가야 할 것이다.

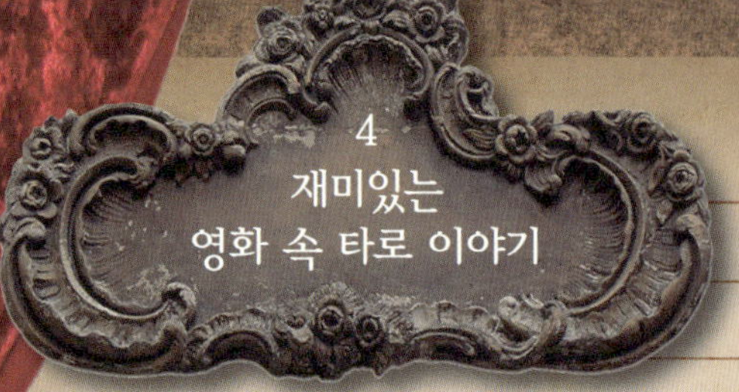

# 헌티드 맨션
## The Haunted Mansion, 2003

유령들이 사는 죽음의 저택 '헌티드 맨션' 에서 벌어지는 이야기로 감독인 롭 민코프를 비롯하여 〈라이온 킹〉을 제작하고 감독한 애니메이션 세계의 대가들이 만들었으며, 시종일관 무섭다가도 유쾌한 재미와 감동을 안겨주는 디즈니의 가족 영화이다. 일중독에 빠진 부동산 중개업자로 가족들을 위험에 빠뜨리는 주인공 짐 에버스는 코믹 연기의 대가인 에디 머피가 맡았다.

부동산중개업자 짐 에버스, 그리고 그의 아름다운 아내이자 동업자인 사라 에버스는 어느 늦은 밤 대저택의 주인임을 자처하는 에드워드 그레이시란 사람에게서 한 통의 전화를 받는다. 내용인즉 자신의 유서 깊은 대저택을 팔겠다는 것인데, 짐 에버스는 이 일이 큰돈벌이가 될 수 있을 뿐만 아니라 자신의 경력을 단박에 업그레이드시킬 수 있는 기회로 여기고 아내와 두 자녀를 데리고 그레이시의 대저택으로 찾아간다.

그런데 짐 가족이 찾아간 대저택은 고색창연한 위용에도 불구하고 짙은 안개에 둘러싸여서 기이한 폐가처럼 보인다. 갑자기 쏟아진 빗줄기를 피해 짐과 그의 가족들이 안으로 들어가자, 기괴한 분위기의 늙은 집사 램즐리와 저택의 주인인 그레이시가 그들을 맞이한다.

그레이시는 짐에게 유령을 믿는지 묻고 이 저택에는 유령들이 출몰한다고 설명하지만, 짐은 그저 콧방귀를 뀔 따름이었다. 하지만 뜻밖에도 자신의 아내인 사라가 그레이시의 슬프

고도 애절한 사랑 이야기와 밀접하게 연결되어 있다는 사실을 알게 되곤 경악을 금치 못하게
된다.

　사실 이 저택은 이백년 전 남북전쟁이 일어나기 전만 하더라도 뉴올리언스의 대부호가 화
려한 파티를 즐겨 열던 곳이었다. 그러나 집주인 그레이시와 그의 연인 엘리자베스의 사랑이
비극적으로 끝나면서 지금처럼 오싹한 분위기만 감도는 황폐한 저택으로 변해버렸다.


　두 사람의 슬픈 사랑은 영화 첫 시작에서부터 세 장의 타로카드와 함께 펼쳐진다. 먼저 연
인 카드의 여인과 천사가 해골로 변한다. 두 번째 카드는 죽음 카드로 엘리자베스의 죽음을
암시하고, 마지막인 세 개의 검 카드 이후 연인의 죽음에 상심한 그레이시가 스스로 목숨을
끊는다. 19세기에 겪었던 슬픈 사랑의 상처를 잊지 못하고 지금까지도 혼령으로 떠도는 그레
이시는 부동산 광고전단지에서 엘리자베스의 모습과 너무나 똑같은 사라를 보고 이 저택에
불러들이게 된 것이다.

　놀랍게도 엘리자베스를 죽인 사람은 다름 아닌 집사 램즐리였다. 이백
년 전, 당시 흑백 인종 차별이 심한 뉴올리언스에서 백인남성
그레이시와 흑인여성 엘리자베스의 사랑은 세상 사람들에게
인정받기 어려웠다. 램즐리는 그러한 비난이 두려워 주인을 지
킨다는 명목으로 엘리자베스를 죽이고 이제까지 그 사실을 숨겨
왔던 것이다.

　진실이 밝혀지자 램즐리는 지옥의 불길 속으로 떨어지고 저택은
저주에서 풀려난다. 그리고 그레이시는 엘리자베스의 혼령과 함께 하
늘나라에 올라가기 전에 저택의 집문서를 짐에게 선물한다.

# 타로카드
## 완전정복

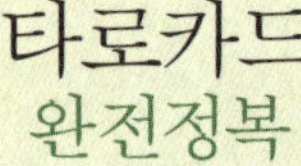

글쓴이 | 김동완   |   기 획 | 이화진
펴낸이 | 유재영   |   편 집 | 나진이
펴낸곳 | 동학사   |   디자인 | 임수미

1판 1쇄 | 2012년 2월 10일
1판 9쇄 | 2022년 7월 29일
출판등록 | 1987년 11월 27일 제10-149

주소 | 04083 서울 마포구 토정로 53(합정동)
전화 | 324-6130, 324-6131 / 팩스 | 324-6135
E-메일 | dhsbook@hanmail.net
홈페이지 | www.donghaksa.co.kr
www.green-home.co.kr

© 김동완, 2012

ISBN 978-89-7190-366-7 14150